AF276399

Colección CEU-CEFAS

CENTRO DE ESTUDIOS, FORMACIÓN Y ANÁLISIS SOCIAL

Serie Minor

JUAN DONOSO CORTÉS

Louis Veuillot

JUAN DONOSO CORTÉS

Estudio introductorio
José Antonio Pérez Ramos

Traducción y epílogo
Gabriel Insausti

CEU Ediciones

Estudio introductorio

Louis Veuillot y Juan Donoso Cortés,
heraldos de lo eterno

Revolución, el regreso de la Gorgona

Preguntado por el cardenal Fornari acerca del estado intelectual de la sociedad moderna, Donoso Cortés (1809-1853) no ocultaba su asombro por el atrevimiento de su siglo y en su carta de respuesta (1852) describía el carácter de la época:

> Por lo que hace al siglo en que estamos no hay sino mirarle para conocer que lo que lo hace tristemente famoso entre todos los siglos no es precisamente la arrogancia en proclamar teóricamente sus herejías y sus errores, sino más bien la audacia satánica que pone en la aplicación a la sociedad presente de las herejías y de los errores en que cayeron los siglos pasados[1].

---

[1] Juan Donoso Cortés. *Carta al cardenal Fornari*. Obras completas, Vol. II. Edición, introducción y notas de Carlos Valverde. S.J. Madrid. Biblioteca de Autores Cristianos, 1970, p. 745.

El pensador extremeño es nueva figura de Casandra que avizora a golpe de intuición, con un movimiento rápido del alma, hasta las últimas consecuencias a las que conduce el levantamiento del hombre; renacido Prometeo dispuesto a romper con todas las ligaduras que le impiden alcanzar su divinidad. Donoso Cortés, a nuestro juicio, comprendió con mayor hondura y con mayor radicalidad que sus contemporáneos el *Zeitgeist* revolucionario.

El pensamiento europeo del siglo XIX nace en la centuria anterior, aunque metabolizado. El trabajo de erosión del criticismo ilustrado –desde el mordaz Voltaire al pietista Kant– acaba provocando el derrumbe de los pilares sobre los que se sustentaba el antiguo orden europeo. La ingente profusión de abstracciones, una razón desencarnada y la teorización de un mundo que troca el principio de realidad por el de sistema dejan caer sobre el carcomido edificio político, social y religioso que resguarda el continente la gigantesca bola de demoliciones en forma de principio del 89. De un siglo, llamado de las luces, en el que no hay institución que no sea sometida a la más corrosiva crítica de los *philosophes* –«hombres de letras políticos», los llama Burke– por el simple hecho de no haber salido de sus frentes a otro siglo que desencadena la explosión de imponentes fuerzas creadoras. De la fría razón al sentimiento como órgano moral, del clasicismo de Molière al romanticismo de Chateaubriand. De la idea de estabilidad y armonía, a la de movimiento y el mito santificante del progreso. Europa presencia, en el cambio de siglo, una vertiginosa transformación que iría ganando en intensidad hasta redibujar por completo un nuevo paisaje donde tipos y temas comunes son retratados por las nuevas clases de pintores, literatos y científicos fruto –o enemigos– de la *bourgeoisie*.

El estado cultural refleja una nueva sociedad. La multiplicación de galerías de arte por todo el continente, la aparición de exitosas compañías de teatro contratadas en escenarios antes tan distantes como Lisboa y Viena, la publicación en masa de novelas a precios populares o la profusión de los libritos de viaje revelan los hábitos y del ascenso de la burguesía. La revolución de los ferrocarriles que «destruyen el espacio, y nos dejan únicamente el tiempo», dice Heinrich Heine en 1843, homogeneiza pueblos y mentalidades a través de la técnica. Es el triunfo de la ciudad sobre el campo, generando la megalópolis, a donde acude el harapiento campesinado y en donde el artesano es convertido en obrero de la exigente economía fabril, cortándose el fino hilo entre el hombre y el fruto de su esfuerzo, entendido como realización de la vida material para un fin más alto; ya no es algo que pueda tocar con sus manos, contemplarlo, no posee valor de relación ni sentido de la trascendencia, sino mera variable de una función económica sometida al único criterio del rendimiento mercantil. La gran urbe, un Londres que comercia a todo vapor con los últimos confines del globo y, a la vez, con sus barrios oscuros y degradados denunciados en las obras de Dickens. Oposiciones que no encuentran un nexo intermedio y traen consigo la atomización del orden social, esto es, la quiebra de los vínculos familiares, religiosos, de oficio y vecinales, mutando una sociedad orgánica y arraigada, al decir de Robert Nisbet, en «una horda de partículas humanas aisladas»[2].

La Restauración fue en el orden político, como expresó Bertrand de Jouvenel, la «primavera del liberalismo». Monarquías templadas en las que se ensayaban bajo nuevas fórmulas los antiguos gobiernos mixtos. La mesurada combinación del uno, pocos, muchos, donde un Aristóteles o un Polibio quedaban en la retina de un Constant o un Guizot. Reyes moderados que otorgaban una Carta –Luis XVIII en Francia– o Estatuto Real –María Cristina de Borbón en España– a modo de ley fundamental del reino, acompañados de parlamentos de notables y un estado llano, ahora de comerciantes y financieros, que se hicieron con las riendas de los asuntos políticos, pugnando la Corona con el Estado. Donoso Cortés, en este estado de cosas, supo ver la incapacidad de las clases medias –incapaces de mando y obediencia– ante el advenimiento de la sociedad de masas, ignorantes aquellas de la naturaleza del poder y de la marcha imparable de la Revolución; auguró que buscarían sin rubor la protección de Luis Napoleón Bonaparte para salvar sus haciendas. La nueva Francia, que en la segunda mitad del siglo dejaba atrás su pasado monárquico y reabría un futuro imperial, tras la colonización de Argel, la intervención en la península rusa de Crimea y su expansión por el sudeste asiático, parecía coronar su éxito con la deslumbrante Exposición

---

[2] Vid. Robert Nisbet. *La sociología como forma de arte*. Madrid. Espasa-Calpe, 1979, pp. 73-79.

Universal de París (1867) celebrada en los Campos de Marte. Todo acabaría en Sedán (1870), como advirtió Donoso Cortés, si se optaba por una política revolucionaria, que es la de los intereses materiales y conquistas. Europa se lanzaba a una movilización ingente de recursos antes nunca visto, donde hombres –un recurso más– y fuerzas materiales de toda clase quedaron reducidos a instrumento del poder de la voluntad, la otra cara de la razón, irguiéndose lo que también Jouvenel, con acierto, llamó «la civilización de la potencia».

El compuesto informe de nacionalismo en lo estatal, maquiavelismo –que no maquiavelianismo– en lo político, individualismo en lo social y racionalismo en lo espiritual es la nota grave de un siglo donde entre los estallidos revolucionarios liberales comenzaban a saltar las chispas más incandescentes de un nuevo sujeto político: el proletariado. Categoría política concebida, mejor dicho, ideada por Marx, que desfigura al humilde como persona concreta, con sus afectos, necesidades y anhelos, y lo transfigura en concepto ideológico masa que no se detiene en reclamar la soberanía en un orden estatal dado, al estilo de Rousseau, sino que es presentado como auténtico sujeto mesiánico de un paraíso futuro científicamente realizable en este mundo.

Pero demos un paso atrás, pues lo descrito hasta aquí, cierto que superficialmente, es un mero desenvolvimiento de realidades políticas y sociales, de hechos aprehensibles a simple vista de una civilización que ha sufrido una alteración profunda en las ideas, en cuyo centro se halla siempre un núcleo religioso. Donoso Cortés, frente al filosofismo escéptico y ateo, proclama «la verdad religiosa, única que puede servir de indestructible fundamento a las sociedades humanas»[3]; y poco más de un siglo después del artículo escrito por el teólogo-político español, verificada la hecatombe europea, el economista alemán Wilhelm Röpke, desde otro campo del saber, participa de la misma idea motriz y, tras diagnosticar la crisis social de nuestro tiempo, afirmará en 1944 que «todo se sostiene y cae con la religión»[4].

Las regularidades de la historia, las constantes de lo político, son siempre una preocupación donosiana. En el centro de estas, la Revolución, verdadero hilo de Ariadna de la evolución doctrinal de nuestro pensador, «con las revoluciones y sin Dios, yo no comprendo ni la humanidad ni la historia»[5]. En 1836, un Donoso Cortés que todavía no había roto con los moldes doctrinales de su tiempo escribe en sus lecciones para el Ateneo de Madrid: «Es ley de las revoluciones, señores, que necesitan, para nacer, desenvolverse y progresar, del impulso de las ideas; por eso, una revolución en la sociedad es un síntoma de que una revolución análoga se ha verificado ya en las inteligencias»[6]. Ley de hierro que nos exige buscar la fuente de la época

---

[3] Juan Donoso Cortés. *Consideraciones sobre el cristianismo*. OO. CC., Vol. I., p. 653.

[4] Wilhelm Röpke. *Civitas humana. Cuestiones fundamentales en la reforma de la sociedad y de la economía*. Madrid. Revista de Occidente, 1955, pp. 148-49.

[5] Juan Donoso Cortés. *España desde 1834*. OO. CC., Vol. I., p. 513.

[6] Juan Donoso Cortés. *Lecciones de Derecho Político*. OO. CC., Vol. I., p. 342.

revolucionaria, de sus ideas, desembarazándonos de datos o hechos aparentes, del determinismo económico –Marx y Engels– o ambiental –Montesquieu–, hallándose, como es opinión extendida, en la Gran Revolución de 1789.

La Revolución francesa es un acontecimiento epocal; Christopher Dawson escribió que «abrió nuestro presente» y Hannah Arendt que fue «la que pegó fuego al mundo». La Revolución no se contenta con *re-formar* las formas heredadas que posibilitaron la existencia de lo político, ni con la mejora de las instituciones sociales transmitidas por generaciones; es la introducción del mundo en una nueva fase histórica, un nuevo tiempo rítmico, la configuración de un arquetipo que alcanza a todos los espíritus e imprime a fuego un nuevo *telos* soteriológico inmanente. Para Elio Gallego –siguiendo la hermenéutica histórica del propio Donoso Cortés– la Revolución francesa concentra en corto tiempo el devenir de la totalidad de la historia europea y occidental[7]. Comenzó por el liberalismo de Lafayette y Sieyès, pasó sin solución de continuidad al radicalismo democrático y violento de los jacobinos, para desintegrarse finalmente en el socialismo ateo de los herbertistas y la Conspiración de los Iguales de Babeuf. En síntesis, de la tiranía de la razón a la de la voluntad, y de esta, a la tiranía de las más bajas pasiones. Un despliegue del racionalismo en sus necesarias y sucesivas metabolizaciones –terreno en pendiente en el que inevitablemente se desliza el hombre

---

[7] Cfr. Elio Gallego García. *Estado de disolución. Europa y su destino en el pensamiento de Donoso Cortés.* Madrid. Sekotia, 2017, pp. 9-11.

que ha rechazado la gracia– que los semidioses revolucionarios, de forma sangrienta y brutal, por sencillo silogismo teológico, conducen hasta llevar a las sociedades a lo que Donoso Cortés llamó «estado de disolución».

Tal vez fue Joseph de Maistre el primero (1797) en advertir que la Revolución francesa tiene «un carácter *satánico* que la distingue de todo cuanto se ha visto, y quizás de todo cuanto se verá»[8]. El conde saboyano, feroz adversario de la Revolución, plenipotenciario del reino del Piamonte en San Petersburgo, escribía en marzo de 1810 a Víctor Manuel:

> En todo esto no veo nada que no confirme las ideas principales que he tenido el honor de indicar a menudo a Vuestra Majestad: *Revolución política*, simple prefacio de la *Revolución moral y religiosa*; *Abolición del Protestantismo, etc.*; pero a menudo me pongo la mano sobre los ojos para no ver lo que se avecina[9].

Y poco después, en enero de 1815, en una carta dirigida a su amigo y homólogo, al servicio de Baviera, el conde de Bray, decía: «Toda Europa es testigo de una

---

[8] Joseph de Maistre. *Consideraciones sobre Francia*. Estudio introductorio de María Luisa Guerrero Alonso. Madrid. Escolar y Mayo Editores, 2015, p. 95.
[9] Joseph de Maistre. *Lettre au Roi Victor-Emmanuel (5 mars 1810)*. Oeuvres complètes, t. XI. Correspondance III (1808-1810). Lyon. Librairie Générale Catholique et Classique, 1885, p. 403.

fermentación que nos ha conducido a una revolución religiosa y la revolución política de la que hemos sido testigos sólo fue su espantoso prefacio»[10]. Jerónimo Molina ha visto en estas líneas una de las primeras afirmaciones de la naturaleza pseudorreligiosa o cuasirreligiosa de la Revolución francesa. Una interpretación del cataclismo revolucionario como antecedente de lo que en el siglo XX, alineados en la exégesis religiosa demaistriana, distintos pensadores políticos identificarían como una desviación religiosa de las doctrinas políticas, englobándolas bajo diferentes nomenclaturas: René Guénon, religiones de Estado; Eric Voegelin, religiones políticas; y Raymond Aron, religiones seculares[11]. Conscientes todos ellos de que el hueco que deja la fe –o si se quiere, el vacío que deja la pérdida de lo sagrado– en el insaciable corazón del hombre siempre es llenado por un artificial sucedáneo.

La descristianización fue el triunfo de la Revolución. Esta fue la gran tragedia europea: disolver el humus que ha nutrido las creencias e instituciones del hombre europeo. Hemos dicho bien, fue una tragedia europea y no estrictamente francesa, pues las ideas, al contrario que las tradiciones, desprecian y arrumban todas las fronteras en su irrefrenable ímpetu expansivo y unificador. El violento

---

[10] Joseph de Maistre. *Lettre à M. le Comte de Bray (28 janvier 1815)*. Oeuvres complètes, t. XIII. Correspondance V (1815-1816). Lyon. Librairie Générale Catholique et Classique, 1886, p. 27.

[11] Cfr. Jerónimo Molina. *Christopher Dawson y las religiones políticas*. En *Los dioses de la Revolución*. Christopher Dawson. Madrid. Ediciones Encuentro, 2015, pp. 7-10.

afán secularizador para transformar el Estado en *ecclesia* intramundana alcanzó hasta las últimas manifestaciones de la vida comunitaria: el nuevo calendario *sans-culotte*, el matrimonio civil, la multiplicación de sectas con un renovado interés por los misterios pitagóricos, los nuevos cultos como el del ser supremo, las persecuciones contra el clero católico y los fieles, la emulsión de sangre en la guillotina y aquel desquiciado decreto de Fouché (9 de octubre de 1793) por el que mandaba retirar las imágenes religiosas de todo lugar público, prohibía a los sacerdotes presidir los cortejos fúnebres que ahora habrían de ser guiados por un «funcionario público», hacía llamar a los cementerios «campos de reposo» y sobre las puertas de estos, en lo que parecía pretender invertir la historia bíblica cerrando el paraíso a los santos, ordenaba inscribir: «La muerte es el sueño eterno». En pocas palabras, Herrera –siguiendo a Étienne Gilson– capta el *leitmotiv* revolucionario: «La creación de un mundo nuevo exige la destrucción del mundo realmente existente»[12].

La Revolución, pecado en lo moral y crimen en lo político que llevará a la muerte de la libertad. La Revolución, permitida providencialmente aunque los medios sean el despliegue de castigos infernales. Expiación moral de las sociedades que es un bien político para las civilizaciones. La Revolución, que sólo puede ser comprendida situándonos, en último término, en el orden

---

[12] Robert A. Herrera. *Donoso Cortés, Cassandra of the Age*. Grand Rapids, Michigan. Wm. B. Eerdmans Publishing Company, 1995, p. 123.

de lo sobrenatural, pues «en toda gran cuestión política va envuelta siempre una gran cuestión teológica»[13]. La modernidad es definida, en esencia, por el regreso de las antiguas herejías. Por el renacimiento, nos dice Donoso Cortés, del paganismo político. Un paganismo que toma la carne de un inconsecuente liberalismo y un consecuente socialismo, doctrinas políticas que germinan de una misma semilla, el racionalismo. Herejías políticas contemporáneas que Donoso Cortés reduce a negaciones de carácter teológico al percibir con rotunda claridad que toda idea política no puede escapar y debe responder a la pregunta sobre Dios y sobre la naturaleza del hombre. Escribe Donoso Cortés:

> Los errores contemporáneos son infinitos; pero todos ellos, si bien se mira, tienen su origen y van a morir en dos negaciones supremas: una, relativa a Dios, y otra, relativa al hombre. La sociedad niega de Dios que tenga cuidado de sus criaturas, y del hombre que sea concebido en pecado. Su orgullo ha dicho al hombre de estos tiempos dos cosas, y ambas se las ha creído: que no tiene lunar y que no necesita de Dios; que es fuerte y que es hermoso; por eso le vemos engreído con su poder y enamorado de su hermosura[14].

---

[13] Juan Donoso Cortés. *Ensayo sobre el catolicismo, el liberalismo y el socialismo*. OO. CC., Vol. II., p. 499.
[14] Juan Donoso Cortés. *Carta al cardenal Fornari*. OO. CC., Vol. II., p. 746.

El liberalismo como pura razón discutidora, el comunismo como voluntarismo elevado a la máxima potencia y el socialismo como liberación irrestricta de todas las pulsiones construyen un «vasto sistema de naturalismo, que es la contradicción, radical, universal»[15] de las creencias que han dado la vida a la civilización europea, que es lo mismo que decir católica. Sistemas que se suceden, «soberbias negaciones» que siguen unas a las otras con imparable lógica. La Revolución es una gran negación.

Pero ¿qué contradice estas negaciones insertas en las modernas ideologías? El orden. Los principios religiosos, políticos y sociales que jerárquicamente componen el orden universal de todas las cosas. Orden creado por Dios, no increado. El orden definido por san Agustín –«el más grande de los doctores, hombre en quien tornó carne el Espíritu de la Iglesia, el santo perdido de amor e inundado de las ondas fortificantes de la gracia»[16]– en *La Ciudad de Dios* como *ordo est parium dispariumque rerum sua cuique loca tribuens dispositio*. El orden es la disposición de las cosas iguales y desiguales que da a cada una su lugar. Un orden que viene dado –leyes de la creación conocidas por revelación, naturaleza e historia– y que el hombre debe esforzarse en indagar para preservar la libertad. Un orden en el que el catolicismo –sistema completo– actúa como principio conservador

---

[15] Ibidem, p. 747.

[16] Juan Donoso Cortés. *Ensayo sobre el catolicismo, el liberalismo y el socialismo*. OO. CC., Vol. II., p. 588.

y que Donoso Cortés ensambla analógicamente entre los planos sobrenatural y natural, y lo dispone de modo sintético y granítico:

> Ese orden consiste en la superioridad jerárquica de todo lo que es sobrenatural sobre todo lo que es natural, y, por consiguiente, en la superioridad jerárquica de la fe sobre la razón, de la gracia sobre el libre albedrío, de la Providencia divina sobre la libertad humana y de la Iglesia sobre el Estado; y, para decirlo todo de una vez y en una sola frase, en la superioridad de Dios sobre el hombre[17].

Por esta razón, la Revolución, al imponer como arquetipo la negación permanente del completo orden, porta consigo el germen del nihilismo, destino final de los órdenes concretos, advertía Donoso Cortés. Civilización filosófica o civilización católica, en esta «decisión» suprema se resuelve la salvación de las sociedades. Si el hombre opta por la primera, sólo le espera un despotismo colosal –comunismo– o la anomia de las pasiones –socialismo–, ambos desafectos con los más sencillos afectos del amor humano y enemigos de la libertad del hombre, «reverenciada» por Dios como «la más sublime de sus obras». O «saludable reacción religiosa o la muerte», esta es la dialéctica donosiana. Una dialéctica

---

[17] Juan Donoso Cortés. *Carta al cardenal Fornari*. OO. CC., Vol. II., p. 759.

platónica, no hegeliana, pues no opera la síntesis como sincrética resolución de los opuestos, sino apertura hacia la Verdad, que tiene en la Iglesia, para Donoso Cortés, su depositaria. La fuente y representación de la autoridad. De ahí que siempre sea la institución a aniquilar por todos los revolucionarios. Louis Veuillot, escribió su gran biógrafo Benoit Le Roux, encontró así en Donoso Cortés un íntimo amigo y una doctrina[18].

Tocqueville, al echar la vista atrás y observar la fisonomía del proceso revolucionario, escribió tras el «Terror de 1848», que, más que revoluciones sólo existe una revolución, «porque no hay más que una sola, una revolución que es siempre la misma a través de fortunas y pasiones diversas, que nuestros padres vieron comenzar, y que, según todas las probabilidades, nosotros no veremos concluir»[19]. Para Donoso Cortés, la Revolución del 48 fue nada más que una «amenaza», el demagogismo de las masas guiadas por «fogosos tribunos» que triunfará en un futuro como castigo, previendo un «gran imperio anticristiano». Carl Schmitt vio en el 48 una revolución mundial en la que se advierten «los primeros síntomas de un movimiento proletario-comunista»[20]. Nikolay Berdiaev

---

[18] Vid. Benoit Le Roux. *Louis Veuillot, un homme un combat.* París. Téqui, 1984, pp. 91-92. De esta obra hemos tomado los principales datos biográficos sobre Louis Veuillot.

[19] Alexis de Tocqueville. *Recuerdos de la Revolución de 1848.* Madrid. Editorial Trotta, 2ª ed., 2016, p. 28.

[20] Carl Schmitt. *Interpretación europea de Donoso Cortés.* Madrid. Ediciones Rialp, 1952, p. 30.

dirá del bolchevismo que es una «religión invertida», con su sistema de valores y su falsa y quimérica plenitud. No es un fenómeno político, sino condición del espíritu[21]. Para Semion Frank:

> La Revolución rusa se insiere tranquila y naturalmente en la evolución histórica universal, en la que ocupa un lugar bien determinado y es, en cierto modo, su conclusión lógica. Todo su bagaje ideal –es verdad que reelaborado por Rusia de una forma original– es un préstamo de Occidente. Socialismo y republicanismo, ateísmo y nihilismo son todos ellos elementos tomados de Occidente[22].

Y afirmando con mayor claridad aún el recorrido andado, sentencia: «la Revolución rusa es el resultado del camino histórico y espiritual del hombre occidental durante cuatro siglos»[23]. Ambos pensadores, es de notar, conversos al cristianismo ortodoxo y expulsados de suelo ruso por las autoridades soviéticas en 1922 en el conocido «barco de los filósofos».

---

[21] Vid. Nikolay Berdiaev. *Los fundamentos religiosos del bolchevismo*. En *Rusia, 1917. El sueño roto de «un mundo nunca visto»*. Adriano Dell'Asta, Marta Carletti, Giovanna Parravicini. Madrid. Ediciones Encuentro, 2017, pp. 169-174.
[22] Semion Frank. *El significado histórico y religioso de la Revolución rusa*. En Ibidem, p. 189.
[23] Ibidem, p. 201.

Donoso Cortés vio hasta dónde llevaba el principio de la perfectibilidad del hombre. El dogma del progreso indefinido de la humanidad como máscara de un deliberado proceso de desligadura que principia con la ruptura con el Padre conlleva la quiebra del vínculo de solidaridad entre generaciones y concluye en el extrañamiento del hombre con su prójimo. Una desligadura originada por la negación de la sangrante herida primigenia que invita al hombre a reconocer su debilidad, su necesidad de restauración y su obligación de colaborar en el proyecto salvífico comunitario. El hombre desligado, soberano de sí mismo, será incapaz de someter a la *hibrys* deslumbrado ante su propio poder. Invirtiendo las palabras escritas en el *Ensayo* por Donoso Cortés, podríamos nosotros decir: cuando el hombre dejó de ser hijo de Dios, luego al punto llegó a ser esclavo del hombre. Al contrario que los contrarrevolucionarios De Maistre y Bonald, quienes tenían puestas las miras en la restauración de las estructuras prerrevolucionarias y en la tradición, más como intensificación ideológica –afectación causada en parte por el pensamiento dieciochesco– que como cualidad inherente al ser del hombre, Donoso Cortés sólo mira hacia el futuro escudriñando la realidad presente, escuchando los gritos del subsuelo. Un ver y oír que le hacían percibir con mayor claridad los horrores a los que se encaminaba una civilización engañada en su destructiva construcción de un paraíso terrenal. Para el jurista de san Casiano, Carl Schmitt, nuestro teólogo-político da con lo esencial y lo proclama, que es «haberse percatado de un modo exacto de que precisamente la seudorreligión de la humanidad absoluta es el principio de un camino que conduce a un terror inhumano»[24].

Donoso Cortés no fue escuchado, como profeta que clama en los crecientes desiertos europeos; tan siquiera lo esperaba, mientras aguardaba a refugio el diluvio que habría de venir. Los sangrientos totalitarismos del siglo XX que encarnan enormes sistemas de fe racionalista, las guerras inhumanas, el rampante crecimiento de las bioideologías y la degradación espiritual del hombre en medio de una opulencia material nunca vista parecen haberle dado la razón. En 1843 escribió estas pesimistas y al mismo tiempo proféticas líneas:

> Sé que las ideas que me propongo combatir como falsas, como peligrosas o como absurdas, caminan adelante vencedoras de todos los obstáculos; sé que conmoverán a las sociedades humanas hasta en sus anchos fundamentos, que lo arrastrarán todo en pos de sí, instituciones, y leyes, y costumbres, y creencias, como en revuelto torbellino; sé que la luz de la verdad padecerá desmayos en el horizonte del mundo y que el mundo andará como perdido en tinieblas; sé que llegará para las sociedades aquella tristísima noche en que, según las palabras de la Sabiduría divina, [...] *no habrá lugar para ninguna cosa y todas las cosas estarán fuera de su lugar*[25].

---

[24] Carl Schmitt. *Op. cit.*, p. 62.
[25] Juan Donoso Cortés. *Historia de la regencia de María Cristina.* OO. CC., Vol. I., p. 936.

La Revolución siempre una y la misma, con sus tres mitos de 1789, 1848 y 1917 llenos de *poderoso* significado, al modo de las *terribles* gorgonas Esteno, Euríales y Medusa. ¿Alguien podría afirmar hoy con sano juicio que la Gorgona ha sido desollada?

Louis Veuillot y Juan Donoso Cortés, un encuentro en la encrucijada europea

Hijo de un humilde tonelero que recorría los pueblos del Valle del Loira fabricando y arreglando barricas con sus herramientas, Louis Veuillot (1813-1883) nace en Boynes, departamento de Loiret. Sus padres, François-Brice Veuillot y Marguerite-Marianne Adam, tendrían tres hijos más: Eugène –primer biógrafo de su hermano–, Annette y Élise. Tras verse envuelto en la quiebra de un comerciante local, François se traslada a Bercy, donde trabaja como peón y vigilante de una bodega. Veuillot recordaría su infancia con ternura entremezclada con el amargor profundo que le causó la pobreza familiar; no olvidaba cómo su madre, ama de casa, marcaba una línea en la pared con la punta de un cuchillo por cada barra de pan que entraba en el hogar. Nada hacía pensar que Louis, quien asistiría a una rudimentaria escuela local y nunca pisaría la universidad, terminaría siendo alabado por Sainte-Beuve, porfiaría en prensa con Víctor Hugo, trabaría amistad con Nadar y Baudelaire, ofrecería su primera oportunidad literaria a Léon Bloy y, gracias a su inconmovible fe, y a una hábil y certera pluma, llegaría a ser el corazón y director del prestigioso periódico *L'Univers* y jefe del catolicismo tradicionalista francés –llámese como se quiera, integrista o ultramontano–, en incansable contienda con el laicismo estatal y en oposición tenaz al confuso liberalismo católico. Este «cristiano de guerra» recibiría el reconocimiento de dos papas: León XIII le nominará «padre laico de la Iglesia» y san Pío X en el Breve de 1913, con ocasión del centenario de su nacimiento, dirá de él que fue un «gran hombre de bien, defensor irreductible de los derechos de Dios y de la Iglesia», y rememorando su trayectoria periodística lo propondrá como «modelo a los que luchan por la Iglesia y las causas santas».

El arquetipo revolucionario en el que han entrado los tiempos, con las reverberaciones por todo el continente de la Revolución de 1848, y la propia idiosincrasia de Veuillot le llevarían a fijarse en aquella áurea pieza de oratoria pronunciada en el parlamento español por Donoso Cortés –diputado por Badajoz– el 4 de enero de 1849, el *Discurso sobre la libertad*, desafortunadamente conocido como el de la «dictadura». Traducido por Montalembert y difundido el discurso entre los prohombres de Francia, sería publicado rápidamente en *L'Univers*, alcanzando extraordinaria notoriedad. Donoso Cortés conocería a Veuillot al detenerse en París a la vuelta de su misión como ministro plenipotenciario de España en Berlín. El que ya era marqués de Valdegamas visita a Louis y Eugène Veuillot en la redacción del periódico en noviembre de 1849[26], un

---

[26] Vid. Edmund Schraam. *Donoso Cortés, su vida y su pensamiento.* Madrid. Espasa-Calpe, 1936, pp. 319 y ss.

encuentro que descubre a dos hombres que no sólo compartirán una profunda amistad humana y política, sino que anuda estrechamente a dos almas afines. Hombres que se hallan en un mismo combate, disidentes de las consignas del Estado liberal, sabedores de que la «ciencia del equilibrio» no ha sido regalada al hombre y de que una sociedad sin un destino vinculado a la tradición y a un sentido real de la *pietas*, carente de convicciones fuertes y simplemente mantenida como en el aire a través de falsos compromisos –el consenso–, sólo puede llevar a la catástrofe.

Donoso Cortés comentó con su amigo el proyecto de escribir el *Ensayo sobre el catolicismo, el liberalismo y el socialismo*, una obra que pensaba componer en varios volúmenes y que Veuillot le propone unir a su *Bibliothèque Nouvelle*, colección que pretende combatir el estado de cosas en aras a una recristianización del país; una especie de contraenciclopedia renovada. El *Ensayo* sería adaptado por Donoso Cortés –quien se lamentaría de la falta de espacio y de tiempo– a los requerimientos de la *Bibliothèque*, publicándose en Madrid y pocas semanas después en París (1851). Veuillot, que ya había publicado sus discursos y otros textos en *L'Univers*, se convertirá así en el editor de la principal obra de Donoso Cortés en Francia y, tras la muerte de este, publicará (1858-1859) las primeras obras que se pretenden completas en edición francesa[27]. Unas obras completas que cuentan con esta introducción

---

[27] *Oeuvres de Juan Donoso Cortés, Marquis de Valdegamas. Précédées d'une introduction par M. Louis Veuillot*. Paris. Librairie d' Auguste Vaton. 3 Vols., 1858-1859.

lúcida e íntima que el lector tiene por primera vez en sus manos en lengua española. Un texto importante para los estudios donosianos y no menor para el pensamiento político en un sentido amplio. Una introducción que, aun desbordante de devoción por el amigo, penetra en sus ideas con perspicacia y devela aspectos esenciales de la fisonomía espiritual de Donoso Cortés.

Egregias figuras de orígenes disímiles que la historia sitúa en paralelo y la Providencia termina por reunir en la encrucijada de caminos que decide los destinos de la civilización europea. Para Donoso Cortés, los destinos de París son los de Europa. El español nace en Valle de la Serena (Badajoz), rodeado de dehesas bañadas por los fuertes estíos de Extremadura, en el seno de una familia proveniente de la burguesía terrateniente. Su niñez transcurre en Don Benito, donde su padre se preocupa por traer los preceptores que instruyan y abonen la imaginación del crío. Un padre recto y una madre de profunda piedad, cuyas amistades permiten que el joven Juan Donoso Cortés pueda acompañar al poeta liberal Manuel José Quintana y posteriormente acudir a la Universidad de Sevilla a estudiar Leyes, en donde los jóvenes románticos constituyen una informal academia literaria. Louis Veuillot nace en el fresco Valle del Loira, en una familia que se ama pero carente de letras y poseedora de muy exiguos recursos. Entre Boynes y «Bercy près a Paris», este niño marcado por la viruela iría a la escuela en una época en la que la educación no se encontraba reglada. Ya viejo recordaría a su maestro con cariño, «despreocupado y borracho no era un mal hombre después de todo», saboreando con nostalgia los paseos por el Bosque de Vincennes. Verdes y naranjas que le harían apreciar la vida junto a la naturaleza. Una escuela laica en la que a duras penas se enseña el catecismo y donde campan los prejuicios contra el clero y los recuerdos napoleónicos, prejuicios que hasta cierto punto compartían sus padres, aunque cumplidores con los deberes de la religión y de extraordinaria probidad. Sería la madre quien intentase obligar a sus hijos a acudir a misa al menos en las fiestas y les enseñaría algunas oraciones. Veuillot la recordará «orgullosa y altiva», ella tenía grandes esperanzas en él, al comprobar su voracidad lectora. No eran pocas las tardes en las que leía en voz alta para su familia. No podían pagarle estudios y el joven Veuillot fue enviado a París para trabajar como ayudante en el despacho de un abogado, Fortuné Delavigne, hermano del reconocido poeta y dramaturgo Casimir.

Talentos precoces que se suman con fuerza a las monarquías liberales triunfantes, dispuestos a ganarse un nombre en el naciente reino de las clases medias. En España, la monarquía isabelina; en Francia, la de Luis Felipe de Orleans, nacida de la Revolución de Julio (1830). Con veintitrés años Donoso Cortés escribe la conocida *Memoria sobre la situación actual de la monarquía*, que le vale su nombramiento como oficial de la Secretaría de Gracia y Justicia. Pocos años después, participaría sin descanso en los periódicos *El Porvenir* y *El Piloto*, y se convertiría en devoto servidor de María Cristina y en hombre fuerte de los moderados. Veuillot con diecisiete años comienza a escribir en el *L'Echo de la Siene Inférieure* (Ruan), al poco tiempo, es nombrado redactor jefe del periódico gubernamental *Le Mémorial de la Dordogne* (Périgueux), del que era socio el prestigioso mariscal Bugeaud. Escribe artículos de crítica política, literaria y musical, mostrando su enorme capacidad de aprendizaje y sensibilidad. A los veinticuatro años, de nuevo en París, de la mano de François Guizot escribe en el periódico *La Charte de 1830* y luego en *La Paix*. Y con Guizot en el Ministerio de Asunto Exteriores, a Veuillot –subjefe en Interior– se le encomendó acompañar a Bugeaud a Argelia (1841) en misión informativa.

A Donoso y Veuillot, que habían bebido del doctrinarismo, les une un proceso de conversión, que, en su caso, es una transformación profunda de orden espiritual e intelectual, más agustiniana que paulina. Nunca fueron irreligiosos, sino que la fe católica, antes estéril, es la que ahora mueve sus acciones y envuelve sus ideas políticas. Al español, el estudio de las revoluciones, el ejemplo de bondad sobrenatural de su amigo Masarnau y el instrumento de la Providencia que fue la muerte de su muy querido hermano Pedro (1847). Este fue el «misterio de ternura» donde no tuvieron influencia «ni el talento ni la razón»[28]. Veuillot narra su conversión en su obra *Rome et Lorette* (1841), que tiene lugar en un viaje a Roma (1838) al que es invitado por su amigo Gustave Olivier, quien llevaba una vida piadosa y quien le ayudó a publicar sus primeras columnas periodísticas. Veuillot relata su sufrimiento por

---

[28] Vid. Juan Donoso Cortés. *Cartas al conde Montalembert* y *Carta a Blanche Raffin*. OO. CC., Vol. II., pp. 324-330 y 342-345.

haber llevado una existencia desordenada –llegó a batirse en duelo dos veces– y cómo aquel mes, a pesar de su resistencia –«me dormí rezando a Dios, pero, por así decirlo, escondiéndome de Dios y de mí mismo, como deseando no rezar y como deseando que Dios no supiera que le había rezado»[29]–, la Ciudad Eterna le venció. «Roma es una predicación constante», nos dice. Visitó las iglesias romanas, conoció al viejo erudito jesuita P. Rosaven y, acompañado de Gustave y su mujer Isabel, acabó recibiendo el sacramento de la confesión y luego comulgando en la Basílica de Santa María la Mayor[30]. Veuillot, que ya había publicado un pequeño artículo en *L'Univers*, a pesar de una nueva llamada ministerial del ginebrino Guizot, desde entonces, sólo piensa «en escribir, y en luchar en *L'Univers*. Sólo quiero afilar plumas y vaciar tinteros»[31]. Trabajar en el desarrollo de una prensa católica fuerte será su absorbente vocación.

Estos dos amigos que se sentían abrasados por el amor de Dios también compartirían el intenso amargor causado por implacables golpes en la vida familiar. Un joven Donoso Cortés sufriría la pérdida de su esposa cuando no había alcanzado los cinco años de matrimonio y la de su única hija cuando apenas tenía cumplidos los dos años. Veuillot, en el breve espacio de tiempo de tres años (1852-1855), perderá a su mujer y a cuatro de sus hijas. Si Barbey d'Aurevilly llamó «Padres seglares de la Iglesia» a De Maistre,

---

[29] Benoit Le Roux. *Louis Veuillot, un homme un combat*. París. Téqui, 1984, p. 43.

[30] Vid. Ibidem, pp. 40-48.

[31] Ibidem, p. 61.

Bonald y Donoso Cortés, sobre el último dirá que se ha «posado una lengua de fuego». Vildósola y Mier, director del periódico carlista *La Esperanza* y uno de los primeros comentadores de la obra de Veuillot, dirá de este que es un «Mirabeau de la pluma», enérgico hasta la rudeza pero incapaz de una sola bajeza, de una traición, de una debilidad.

De la pluma literaria a la esgrima política

Louis Veuillot es nombrado en marzo de 1843 redactor jefe de *L'Univers* –fundado en 1833 por el abate Jacques-Paul Migne–, que se encontraba en manos del conde Montalembert, haciendo de una languideciente cabecera el periódico de mayor tirada entre los católicos franceses y el más temible para sus opositores, tanto en el bando del liberalismo católico como para los eclécticos defensores de la monarquía burguesa, así como para los restos del galicanismo diseminado en los partidos. El impulso dado por Veuillot al periódico, el tono de los artículos en ocasiones exacerbado y demasiado polémico, y su dirección política –«mi profesión de fe, incluso política es el *Credo*»[32]– lo convierten en el gran órgano católico de la Francia de mitad del siglo. Su tenacidad e independencia frente a sus enemigos y ante las cuestiones políticas y religiosas que sacuden al país y a la Iglesia, harán salir en su defensa

[32] Louis Veuillot. Cit. en Jean Roger. *El catolicismo liberal en Francia*. Madrid. Ediciones Rialp, colección O crece o muere, 2ª ed., 1961, p. 32.

a Mons. Parisis, obispo de Arrás: «Lo que yo defiendo no es un diario, sino una gran institución católica»[33].

El historiador de las ideas Jean Roger señala que la primera misión de la política religiosa de Luis Felipe fue la reconciliación del clero francés con la monarquía de julio. «La revolución burguesa de 1830 había arremetido contra el trono y contra el altar con el mismo furor revolucionario; en cambio, la revolución de 1848, que fue una revolución popular, derribó el trono, pero respetó el altar»[34]. La frialdad sería el tono de la burguesía gobernante y el apaciguamiento la conducta del Orleans. La conquista de la libertad de enseñanza reconocida en la Carta de 1830, pero negada a los católicos y a la Iglesia que combatían el monopolio estatal, sería el detonante que uniría al *Parti Catholique* y mostraría el abismo que separaba al país legal –Guizot– y al país real, una separación que, trasladada a las diferentes realidades políticas y sociales de Francia, terminará por hundir el trono. Los tibios proyectos legislativos –comandados por Villemain– de la monarquía constitucional no satisficieron a nadie, pero las campañas desde la tribuna y la prensa, con Montalembert y Veuillot a la cabeza, habían conseguido sembrar para recoger la cosecha en tiempos propicios.

La Revolución de 1848, en París, fue recibida por la Iglesia en buena medida con indiferencia. Veuillot, que

---

[33] Cit. en Juan P. Ramos. *Louis Veuillot*. Buenos Aires. Adsum, 1938, p. 22.

[34] Jean Roger. *Ideas políticas de los católicos franceses*. Madrid. Consejo Superior de Investigaciones Científicas, 1951, p. 196.

seguía siendo monárquico y no deseaba el fin del régimen, alarmado por el terremoto social, acabó apoyando a Bonaparte, primero para buscar la restauración del orden y al mismo tiempo para alcanzar la ansiada libertad de enseñanza. El triunfo en las calles de Cavaignac fue celebrado por la burguesía, la Iglesia lo saludó, pero las ideas de justicia social y reforma ya estaban en bocas de todos. Con la Segunda República surgieron nuevas esperanzas entre los católicos, que buscaban la conciliación entre la libertad moderna y el orden. Será el conde Falloux, proveniente de las filas del legitimismo, quien acometa la reforma legislativa nombrando una comisión controlada por Thiers y Cousin, este representante de la universidad, conocido hegeliano y garante del eclecticismo filosófico. La Ley Falloux (1850) recibió la crítica moderada de la izquierda, la aceptación del liberalismo católico y la hostilidad del catolicismo tradicional –intransigente para sus enemigos–, en particular de Veuillot –quien lanzó el punzante *Falloux falax*– y sus afines, que plantearon el «todo o nada», sin dejar espacio al realismo. Una cuestión, la de la libertad de la enseñanza, que implicaría al propio Donoso Cortés, y este sí, político realista –«la firmeza en los designios buena es; pero tener un solo pensamiento para circunstancias de todo punto diferentes pareció siempre al que suscribe cosa ajena de hombres de Estado»[35]–, juzgará

35 Juan Donoso Cortés. *Sobre la candidatura de Trápani*. OO. CC., Vol. II., p. 137.

con mayor temple que su amigo, a pesar de que considera, elevándose a los principios puros y abstrayéndose de las circunstancias concretas, que el error no tiene derechos y que sólo a la Iglesia le corresponde instruir, pues ella guarda la Verdad y posee la más alta capacidad para discernir lo que es bueno de lo que es malo:

> La cuestión de la enseñanza, agitada en estos últimos tiempos entre los universitarios y los católicos franceses, no ha sido planteada por los últimos en sus verdaderos términos, y la Iglesia universal no puede aceptarla en los términos en que viene planteándose. Supuesta, por un lado, la libertad de cultos, y supuestas, por otro, las circunstancias especialísimas de la nación francesa, es cosa clara a todas luces que los católicos franceses no estaban en estado de reclamar otra cosa para la Iglesia sino la libertad que es aquí derecho común, y que por serlo podía servir a la verdad católica de amparo y de refugio[36].

A juicio de Jean Roger[37], se trató de una ley de transacción, una buena ley acorde a los tiempos y a las circunstancias históricas. Una ley que eliminó el control estatal

---

[36] Juan Donoso Cortés. *Carta al cardenal Fornari*. OO. CC., Vol. II., p. 761.

[37] Vid. Jean Roger. *Ideas políticas de los católicos franceses*. Madrid. Consejo Superior de Investigaciones Científicas, 1951, pp. 223-229. Para profundizar en este asunto sugerimos la lectura de la obra citada.

absoluto existente desde tiempos de Napoleón I y que permitió la participación de la Iglesia en la instrucción a través de distintos consejos académicos y territoriales.

En términos políticos y religiosos, la unidad del catolicismo francés perfila su división, solidificándose con la proclamación del Segundo Imperio: el liberalismo católico de Montalembert, Broglie, Ozanam, Lacordaire y Dupanloup; y el catolicismo ultramontano de Veuillot, Guéranger, Pie y Billot. Toda la batalla de nuestro biógrafo será la defensa a machamartillo del catolicismo en obediencia absoluta a Roma. Un combate que entiende que se ha de librar frente a la iniquidad, a resguardo de las medias tintas liberales y en defensa de la independencia y soberanía temporal del Papa, ese «hombre a quien el Salvador ha dicho: "Yo estoy contigo" [...] Ese hombre es Pedro, que nunca muere, sentado sobre el trono, que nunca cae»[38].

La ruptura entre Montalembert y Veuillot tendrá una causa mediata y una inmediata. La segunda será el *coup d'Etat*, el autogolpe que resuelve la coyunta constitucional el 2 de diciembre de 1851, cuando se proclama el imperio –una dictadura coronada– por el príncipe Napoleón III –compuesto de revolucionario y conservador, lo define Donoso Cortés–, quien recibe su legitimidad del sufragio universal plebiscitario para luego, con su fuerza, como maza de Hércules, destruir la democracia revolucionaria

---

[38] Louis Veuillot. *Biografía del papa Pío IX*. Madrid. Imprenta de La Esperanza, 1863, pp. 2-3.

y el sufragio. Una situación de excepción en la que la decisión política parece deslizarse, como en el 48, entre la dictadura del sable y la del puñal. Aquellos apoyaron a Luis Napoleón; cuenta Vildósola que el conde Montalembert incluso corrió el mismo día a la sede de *L'Univers* para apoyarlo al instante, y la redacción del periódico, con dudas, dejó en suspenso el respaldo hasta la vuelta de Veuillot a París días después. El propio Veuillot sufrió las críticas de su amigo, pues cierto es que Montalembert retiró con rapidez su apoyo a Napoleón III, según unos, al comprobar que la restricción al parlamentarismo apagaba su propia estrella y, según otros, al entender que Bonaparte se serviría de la Iglesia para sus propios objetivos políticos y que el precio del entendimiento con el nuevo régimen sería en extremo ruinoso al tiempo: «Seréis azotados con las varas que hayáis bendecido»[39]. La mezcla de ambas motivaciones tal vez dé razón de la postura de Montalembert. Sin embargo, Veuillot recordaría que el conde escribió una carta en la que decía:

> Luis Napoleón era en 1852, como en 1848, el elegido de la nación. Siendo así, creo que nada hay más imprudente, por no decir más insensato, para los hombres religiosos y los amigos del orden en un país como el nuestro, que ponerse a través o contra el voto particular, cuando ese voto nada tiene

---

[39] Jean Roger. *Ideas políticas de los católicos franceses*. Madrid. Consejo Superior de Investigaciones Científicas, 1951, p. 253.

de contrario a la ley de Dios ni a las condiciones
fundamentales de la sociedad...

Y añadía unas líneas que resumen bien la posición que
adoptaron las fuerzas conservadoras francesas llegados el
momento decisivo:

> Busco en vano fuera de Luis Napoleón un siste-
> ma, una fuerza que pueda garantizarme la conser-
> vación y el desarrollo de tales beneficios: no veo
> sino el horrible abismo del socialismo vencedor.
> Mi elección está hecha. Estoy por la autoridad con-
> tra la sublevación, por la conservación contra la
> destrucción, por la sociedad contra el socialismo,
> por la libertad posible del bien contra la libertad
> segura del mal; y en la gran lucha entre las dos
> fuerzas que se disputan el mundo, creo, al obrar
> así, hallarme hoy, como siempre, por el catolicismo
> contra la Revolución[40].

El riesgo del clericalismo de Estado era compensado
con una mayor libertad de la Iglesia, la multiplicación de
los colegios secundarios y escuelas primarias, el aumento
de las vocaciones sacerdotales y la leve mejora del salario
del clero, la restauración del Oratorio (1852), y el crecimiento de la actividad de la Sociedad de San Vicente de

---

[40] Charles de Montalembert. En Louis Veuillot. *El Papa y la diploma-*
cia. Madrid. Imprenta de La Esperanza, 2ª ed., 1861, p. 15.

Paul[41], fundada por Ozanam y de la que participó Donoso Cortés. Veuillot apostó en la siempre difícil decisión política. Un riesgo que asumió, pues veía en el jefe del Estado francés, no sólo un baluarte del orden, sino el que mayor fuerza poseía para hacer valer los derechos de Pío IX sobre sus Estados, frente al nacionalismo liberal del *Risorgimento* de Mazzini y sus secuaces, que iban apoderándose de los territorios pontificios en favor de la casa de Saboya. Veuillot, rendido a la humanidad de un Pío IX que gastaba de joven sus rentas en el cuidado del hospicio romano de *Tata Giovanni*, veía en el Papa –quien llegó al solio pontificio con fama de liberal, bajo los cantos de Balmes y Donoso Cortés– el guardián de las virtudes humanas y a modo de *katehon* concebía su espacio de dominio temporal como «la cadena del mal absoluto, su enemigo. Allí, el Príncipe de los Apóstoles tiene cautivo a ese gigante, al terrible enemigo del hombre y de su libertad, al espíritu que aconseja al hombre hacerse Dios»[42]. Veuillot rectificaría su apoyo a Luis Napoleón al observar el giro de su política en la cuestión italiana y el *L'Univers* sería clausurado al publicar –muestra de valentía e independencia– la carta papal *Nullius Certe. Sobre la Defensa de los Estados Pontificios* (1860), previamente prohibida su reproducción por el emperador al oponerse abiertamente a los designios de la política francesa. Un interdicto que

---

[41] Vid. Jean Roger. *Ideas políticas de los católicos franceses*. Madrid. Consejo Superior de Investigaciones Científicas, 1951, pp. 251-262.
[42] Louis Veuillot. *El Papa y la diplomacia*. Madrid. Imprenta de La Esperanza, 2ª ed., 1861, p. 60.

Veuillot aprovecha para publicar diversas obras en muy pocos años: *El Papa y la diplomacia, Waterloo, El perfume de Roma, Los olores de París, Aquí y allá,* lleno de viejos recuerdos y afectos, reedita las *Mélanges* y publica la reconocida *Vida de Nuestro Señor Jesucristo* en respuesta a la *Vida de Jesús* de Renan.

La primera de las causas –realmente la causa de peso– de esa ruptura entre los vehementes Montalembert y Veuillot, fue netamente ideológica: la cuestión del liberalismo. No es espacio para profundizar en esta compleja cuestión, que, hoy, tal vez, sigue sin ser solucionada y que ha ocupado sesudas páginas de teólogos y pensadores, pero no podemos soslayarla y la dejaremos aquí apuntada. El conde proclamaba «la Iglesia libre en el Estado libre», que también defendía el piamontés Cavour. Fórmula que Montalembert reivindica para los católicos liberales y que «sirve para distinguirlos claramente de los católicos intolerantes que no quieren el Estado libre y de los liberales inconsecuentes que no quieren la Iglesia libre»[43]. Una fórmula que Jean Roger acompaña a la idea de «la Iglesia en el derecho común», como asociación dentro del Estado sin un estatus especial por derecho propio, pero con los derechos necesarios para su existencia y acción como el resto de colectividades, de acuerdo con los principios generales que fijan la actitud del Estado. Y todo ello, unido en la consigna «Dios y libertad», aunque

---

[43] Cit. en Jean Roger. *El catolicismo liberal en Francia.* Madrid. Ediciones Rialp, colección O crece o muere, 2ª ed., 1961, p. 10.

esta se cuidara de aparecer como libertad revoluciona-ria, como libertad de pensamiento absoluta e ilimitada[44]. La respuesta la da Veuillot en *La ilusión liberal* (1866), su obra doctrinal más conseguida, condena en extenso de la sociedad nacida de los principios del 89. «"Seguir la corriente": a esto se resumen esas famosas invencio-nes y esos grandes orgullos del liberalismo católico»[45]. Una iglesia y un dios de su tiempo, no una Iglesia y Dios para todos los tiempos, es lo que Veuillot define también como «gnosis liberal».El acomodo espiritual y político con la época, asumido por la moderna emancipación de la conciencia, fatigada del testimonio de la verdad. La fórmula de Montalembert, para Veuillot, conlleva el mer-cado de las religiones, el principio del secularismo social y el indiferentismo estatal, haciendo descansar la libertad de la Iglesia en la libertad civil general, en lugar de hacer-lo sobre la voluntad de Jesucristo y su propia naturaleza divina, que es «como pretender asentar lo inmutable so-bre lo movible»[46]. Dicho de otro modo, para Veuillot, que en otro de sus textos mencionará al calvinista Erasto –al igual que el conservador Newman denunció la herejía del erastianismo bajo la que había sucumbido la iglesia de Inglaterra–, el liberalismo por su propia concepción interna colocará a la Iglesia de manera indebida en una posición inferior y de sumisión al Estado, mutando así

---

[44] Cfr. Ibidem, pp. 8-11.

[45] Louis Veuillot. *La ilusión liberal.* Buenos Aires. Editorial Nuevo Orden. Versión digital, 1965, p. 16.

[46] Ibidem, p. 22.

el necesario fundamento religioso de la sociedad en una mera convención política con el contenido legitimante que se desee: el contrato social, la razón, la voluntad, el consentimiento, la clase, la raza y así pueden desfilar todas las categorías políticas *ad infinitum*.

El arcano de la Revolución, del principio del 89, es la secularización; fundamento de raíz luterana. Esta es la piedra de toque del liberalismo católico identificada por Veuillot; se es revolucionario abrazando el principio, se abjura de la revolución rechazándolo:

> Este principio único del 89 es el que la cortesía revolucionaria de los conservadores de 1830 llama la *secularización* de la sociedad; es lo que la franqueza revolucionaria [...] llama brutalmente la expulsión del principio teocrático; es la ruptura con la Iglesia, con Jesucristo, con Dios, con todo reconocimiento, con toda injerencia y con toda apariencia de la idea de Dios en la sociedad humana. A decir verdad, no es preciso estrujar mucho el principio católico liberal para conducirlo hasta ahí. Llega hasta allí por el mismo camino, haciendo las mismas etapas, mediante idénticas necesidades de situación, por idénticas sugestiones del orgullo, las que han conducido imperiosamente el principio del libre examen protestante a la negación de la divinidad de Nuestro Señor Jesucristo[47].

---

[47] Ibidem, p. 29.

Veuillot recoge el ambivalente concepto de secularización como descristianización. Esquema antitético entre
lo espiritual y lo mundano que supone la incapacidad de
entender la distinción de órdenes de la existencia asu-
miéndolos como separación sin puntos de contacto. La
secularización en términos plenamente modernos, si hemos entendido bien a Veuillot, sería la completa reduc-
ción de la vida política y social al orden estrictamente
natural y material, cegando cualquier espacio de luz a
lo trascendente, cualquier sentido de la verticalidad que
venga bañada de un sentido católico, encerrando así a
Dios en el santuario o en los meros recovecos de la inte-
rioridad inoperante, que, de suyo, engendra un hombre
fragmentado, escindido.

La clave precisa sobre la problemática liberal la ofrece,
a nuestro juicio, Elio Gallego, quien escribe:

> El liberalismo introduce un subjetivismo y un
> relativismo que por necesidad resultan mortales
> para toda creencia religiosa. Y lo mismo ha de
> suceder en el ámbito de la moral. Dónde están
> y qué sean el bien y el mal queda al arbitrio del
> individuo o del consenso social de cada momen-
> to. Disociada además la religión de su dimensión
> pública, ésta se ve afectada en su misma natura-
> leza, no permanece igual, sino que muta en una
> realidad emocional o subjetiva, pero carente de
> fuerza vinculante entre los hombres. Deja de ser
> una *Ecclesia*. El orden social […] deviene en un

orden cerrado y total que es administrado y planificado por alguna instancia de poder[48].

Montalembert recibió la pontificia censura privada tras el célebre Congreso de Malinas (1863), y la victoria completa, aunque momentánea, de las tesis antiliberales se daría con la encíclica *Quanta cura* y el *Syllabus* (1864) de los errores, sorteados por Dupanloup con su distinción entre lo absoluto y lo relativo, entre la tesis y la hipótesis, diferenciando entre la condena de los excesos de la libertad y los principios de libertad e igualdad de un régimen de neutralidad legal[49]. Postura que, moldeada bajo otra forma y densidad, terminaría en el *ralliement* de los católicos con el sistema de la III República. Un sistema que, en el orden político, a pesar de la ductilidad de Veuillot sobre la cuestión del régimen, le llevaría a destapar su apego a Enrique de Artois, conde Chambord. «Soy uno de los que han reconquistado sucesivamente a su Dios y a su rey», diría a los jesuitas de la escuela de Santa Genoveva[50].

[48] Elio A. Gallego García. *La teología política de John Henry Newman*. Madrid. CEU Ediciones, colección CEU-CEFAS, Serie Minor, 2023, p. 102.
[49] Vid. Jean Roger. *El catolicismo liberal en Francia*. Madrid. Ediciones Rialp, colección O crece o muere, 2ª ed., 1961, p. 40.
[50] Vid. Benoit Le Roux. *Louis Veuillot, un homme un combat*. París. Téqui, 1984, pp. 207-208.

Humanidad y nihilismo

La Revolución de 1848 pierde su significado si es observada sobre plano, ojeando de una punta a otra la sucesión de hechos violentos: París, Roma, Berlín, Viena, Budapest, Dresde, Cracovia… Aprehender hasta las últimas consecuencias de su significado en el orden político y teológico será uno de los méritos de Donoso Cortés. Para este príncipe de los conservadores –Franco Volpi– que Metternich ve como su sucesor, y para el teologúmeno español –Erich Przywara–, que ataca las herejías modernas como los españoles del Siglo de Oro combatían la Reforma, dos son las vías de conocimiento: la historia y una teología prendida por la fe que ilumina la razón. «En lo pasado está la historia de lo futuro»[51] y el «catolicismo procede de esta manera. Toma un rayo de luz que le viene de lo alto, se lo da al hombre para que le fecunde con su razón, y el débil rayo de luz es convertido, por medio de la fecundación, en luminoso torrente que baña los horizontes»[52]. Este es el intuicionismo donosiano. Veuillot captó la aguda visión de nuestro diplomático:

> Un solo seglar, entre todos los que yo he conocido, poseía esa vista penetrante, sagaz y tranquila que caracteriza el talento sacerdotal. Era Donoso

---

[51] Juan Donoso Cortés. *Despachos desde París*. OO. CC., Vol. II., p. 865.
[52] Juan Donoso Cortés. *Cartas al director del* Heraldo. OO. CC., Vol. II., p. 738.

Cortés; pero Donoso Cortés era teólogo, y todas sus aspiraciones le inclinaban ya hacia el santuario, cuando Dios le llamó para darle lo que la mirada del hombre no puede descubrir, lo que no es dado al entendimiento humano comprender[53].

Pensador de lo político, hombre de Estado que no es un realista *tout court*, sino un sobrenatural-realista. No es un pesimista que aliente al fatalismo, al contrario, sabe que la lucha puede retardar la catástrofe y que en esta lucha entre el bien y el mal, entre la voluntad de Dios y la libertad del hombre, resulta obligado «cumplir con aquel deber imperioso a que vivimos sujetos, de proclamar la verdad en cualesquiera circunstancias, para mostrar al mundo la belleza inmortal de sus divinos resplandores»[54]. Una teología de la historia que Donoso Cortés contiene en este aforismo: «El triunfo natural del mal sobre el bien, y el triunfo sobrenatural de Dios sobre el mal, por medio de una acción *directa, personal y soberana*»[55]. Por ello, el hombre siempre puede salvarse, aunque las sociedades se empeñen en despeñarse. El marqués de Valdegamas pudo así reconocer la triada racionalismo-revolución-nihilismo.

[53] Louis Veuillot. *El perfume de Roma*. Madrid. Imprenta de La Esperanza, 1862, p. 307.
[54] Juan Donoso Cortés. *Historia de la regencia de María Cristina*. OO. CC., Vol. I., p. 93.
[55] Juan Donoso Cortés. *Cartas al conde Montalembert*. OO. CC., Vol. II., p. 326.

El racionalismo es para Donoso Cortés el sistema que descansa en el principio por el «que la razón es independiente de Dios y es competente para todo»[56]. Del racionalismo emergen el modo ideológico de pensamiento y el conjunto de las filosofías apoyadas sobre sí mismas. La temible fuerza de los sistemas políticos que se apoyan en el racionalismo de la idea abstracta, pura:

> La *idea*, que en el mundo moral es lo que la *electricidad* al físico: una fuerza impalpable, misteriosa, a la que nada se opone y a la que nada resiste. La *idea* que es aquella gota corrosiva que disuelve instantáneamente el organismo social; la *idea* que no es otra cosa sino el *mal*, el *mal absoluto*, el *mal por excelencia*[57].

Sistemas que han de dar cuenta de Dios para aceptarlo o para rechazarlo, de ahí que Donoso Cortés considerara al comunismo más fuerte que el liberalismo. Aquel posee un carácter teológico y se atreve a resolver las últimas preguntas sobre Dios y el mal, levantando en el plano político su gran obra: la deificación del Estado con la concentración de todos los poderes. El comunismo deifica al Estado, el socialismo al hombre; deificaciones perdentes pero que reconocen aunque sea de manera invertida la

---

[56] Juan Donoso Cortés. *Polémica con la prensa española*. OO. CC., Vol. II., p. 340.
[57] Juan Donoso Cortés. *Despachos desde Berlín*. OO. CC., Vol. II., p. 392.

necesidad de salvación. El liberalismo, en cambio, nada más que compromiso neutralizante, que sustituye lo religioso y lo político por lo económico, al carecer de teología, sólo podrá ser un sistema transitorio:

> Esta escuela no domina sino cuando la sociedad desfallece; el periodo de su dominación es aquel transitorio y fugitivo en que el mundo no sabe si irse con Barrabás o con Jesús y está suspenso entre una afirmación dogmática y una negación suprema[58].

Un liberalismo crepuscular, pero que es el puro mal al transformar el parlamento –forma– en parlamentarismo –sistema–, a saber: hacer del parlamento un poder en lugar de un límite y anular, al mismo tiempo, las jerarquías sociales. Concepción de la jerarquía que para Donoso Cortés es entendida como emulación y como freno al poder. «Las jerarquías son celestes. En el infierno todos son iguales», escribirá en uno de sus escolios Nicolás Gómez Dávila[59].

Donoso Cortés percibe con nitidez que las vías están preparadas para gigantescos despotismos, para el estatismo desaforado que multiplica sus ojos, sus oídos, sus brazos y que con la técnica es capaz de alcanzar un

---

[58] Juan Donoso Cortés. *Ensayo sobre el catolicismo, el liberalismo y el socialismo.* OO. CC., Vol. II., p. 597.
[59] Nicolás Gómez Dávila. *Escolios a un texto implícito.* Gerona. Ediciones Atalanta, 2009, p. 774.

poder en extensión y solidez como nunca ha existido y del que nadie puede escapar. Un poder impersonal que aumentará su fuerza represora mientras siga disminuyendo la autolimitación religiosa del hombre, el *amor Dei*, en incontestable cumplimiento de esa ley de hierro que es la ley del termómetro o de los dos frenos. Un estatismo que hace del Estado la figura del bandido de la Ática, Procusto, que asaltaba a sus víctimas y no contento con despojarlas de sus bienes, extendía y ataba a los infelices a una cama de hierro, y les cortaba los pies cuando superaban su longitud o les hacía estirar por medio de cuerdas cuando no alcanzaban la longitud de la cama. Este es el hacha niveladora de la revolución para ajustar a todos los hombres a las dimensiones antojadas por el cruel poder estatal. Estatismo o tradición, Hobbes o Vico; Donoso Cortés eligió al napolitano. ¿Y cuál es hoy aquella hacha? Nada más que el expolio fiscal y la motorizada legislativa en medio de un totalitarismo azucarado.

«La revolución de febrero –referida a París– es a las clases medias lo que la de 1789 fue a las clases aristocráticas»[60]. La llegada de la política de masas y el nihilismo es el significado de la Revolución de 1848. Una revolución que atormenta a Donoso Cortés por los *sucesos de Roma*, con su incontrolable virulencia antirreligiosa, en donde el primer ministro es asesinado y el Papa se ve obligado a huir de la ciudad. La demagogia es sinónimo

---

[60] Juan Donoso Cortés. *Despachos desde París*. OO. CC., Vol. II., p. 827.

de nihilismo, que es la negación del gobierno, la propiedad, la familia y de Dios. Es una «negación absoluta» dice Donoso Cortés, quien escribe: «El fin de su lucha gigantesca será su propio fin o el fin de los tiempos»[61]. Tesis que viene, en cierta medida, a coincidir con la de Augusto del Noce cuando refiriéndose al nihilismo subraya que «la realización de la revolución coincide con su suicidio»[62], pues esta se transforma en proceso de disolución. Es el nihilismo de Bazárov en *Padres e Hijos* (1862) de Turguéniev, quien acepta con complacencia ser calificado como «negador», pues rechaza los valores de la vieja generación que no se compromete con el pueblo. El personaje de Arkadi, amigo de aquel, percibe bien el *ethos* que espira: «El nihilista es un hombre que no se doblega ante ninguna autoridad, que no acepta ningún principio como artículo de fe, por grande que sea el respeto que se dé a este principio»[63]. Los nihilistas son los «héroes de nuestro tiempo». Son los personajes suicidas de Dostoyevski para demostrarse que pueden vencer a Dios o la increencia de sus personajes ilustrados en *Los hermanos Karamázov*. Carl Schmitt dirá que el gran enemigo de Donoso Cortés será el nihilista Bakunin, el «dictador de la antidictadura», y no está, en nuestra opinión, alejado de la verdad. El extremeño no leyó al ruso, pero cierto

---

[61] Juan Donoso Cortés. *Los sucesos de Roma*. OO. CC., Vol. II., p. 302.

[62] Augusto del Noce. *Modernidad. Interpretación transpolítica de la historia contemporánea*. Madrid. Ediciones Encuentro, 2016, p. 69.

[63] Iván S. Turguéniev. *Padres e hijos*. Madrid. Ediciones Rialp, 2018, p. 34.

es que fue Mikhail Bakunin quien construyó una gran teoría de la desvinculación que daba la razón a lo que Donoso Cortés expuso en sus cartas al conde Montalembert. Y tal vez, otro elemento doctrinal más, aunque sea menor, dé la razón a Schmitt. Bakunin en su obra *Dios y el Estado* (1871), furibundamente antiteísta, contrapone la escuela idealista y la escuela materialista; en aquella es incluido Veuillot como defensor del idealismo práctico desde el mundo del periodismo. Un idealismo del cielo brutal, explotador y opresor, de suyo, en el plano teorético[64]. Una mención ciertamente poderosa. No es lugar para la crítica a la filosofía bakuniniana, pero sí queremos terminar este texto mostrando la profunda humanidad y preocupación por los desfavorecidos de nuestros protagonistas, Juan Donoso Cortés y Louis Veuillot, frente a las falsas abstracciones de los amores impersonales, sin carne, productos de una razón revolucionaria incapaz de hacerse cargo del cercano para huir fácilmente hacia lo lejano, que se diluye en una huera humanidad carente de filiación y ontología.

Louis Veuillot, «criado de sacristía» que en la última carta de su mano (1879) se llamaba «viejo obrero» tras invertir su vida en el periódico que dirigía[65], compartirá lo escrito por Donoso Cortés: «La revolución ha sido hecha en definitiva por los ricos y para los ricos, contra los

---

[64] Vid. Mijaíl Bakunin. *Dios y el Estado*. Madrid. La Malatesta Editorial, 2014, pp. 44-46.

[65] Vid. Juan P. Ramos. *Louis Veuillot*. Buenos Aires. Adsum, 1938, p. 45.

reyes y contra los pobres»⁶⁶. Para ambos, la aristocracia del dinero había destruido el viejo mundo del trabajo y no había repartido el maná prometido, le había liberado de los antiguos lazos que unían los oficios a sus gremios y a los campesinos con su tierra, pero al liberarlos bajo la promesa de subir y subir, los había dejado en el vacío y, sobre todo, los había emancipado de los vínculos que los aferraban a las tradiciones religiosas de sus antepasados. El antimoderno Veuillot describirá así el nuevo espíritu:

Tal es el fondo árido y violento del espíritu moderno. Vierte abundantes y enfáticas frases sobre los derechos de la inteligencia, de la libertad y de la humanidad. ¡Sabe mentir! Pero, llevado al terreno de la realidad, es ignorante, servil y destructor. Su ignorancia destruye los campos para agrandar las ciudades; destruye al labrador para crear al artesano; al artesano, para formar el mercenario; a este, para hacer de él una máquina; deshace la corporación para crear al individuo; al individuo, para crear el ejército; y demuele la Iglesia para edificar la taberna⁶⁷.

Y en otra carta, recordando la muerte de su padre, escribirá:

---

⁶⁶ Juan Donoso Cortés. *Carta a María Cristina*. OO. CC., Vol. II., p. 727.
⁶⁷ Louis Veuillot. *El perfume de Roma*. Madrid. Imprenta de La Esperanza, 1862, p. 204.

De la tumba del pobre jornalero brotó un destello de lúgubre verdad que me hizo ver y maldecir, no el trabajo, no la pobreza, no la pena, sino la gran iniquidad social, el crimen de impiedad por el que los desheredados de este mundo son despojados de la compensación que Dios había asignado a la inferioridad de su suerte; y sentí que el anatema estallaba en la vehemencia de mi dolor. Sí, ¡eso era! Empecé a conocer y a juzgar a esta sociedad, a esta civilización, a estos supuestos sabios que habían negado a Dios y que, negando a Dios, habían negado a los pobres y ya no se preocupaban de sus cuerpos ni de sus almas. Me digo: este edificio social es inicuo; se derrumbará, será destruido[68].

El nuevo siglo con sus ambiciones desenfrenadas, «y seréis como dioses», advierte Donoso Cortés en su *Discurso sobre la situación de España*, ha dividido la sociedad en dos clases, la que exclama todo para los ricos, y su antítesis, que tiene por grito de guerra todo para los pobres. Una guerra soterrada entre despojados y despojadores que acomete a todos los pueblos que han dejado de ser católicos, transformándolos en socialistas. El socialismo, secta económica que pretende resolver el insoluble problema de la distribución de la riqueza. Las insolencias de los ricos castigadas providencialmente con las impaciencias de los

---

[68] Cit. en Benoit Le Roux. *Louis Veuillot, un homme un combat*. París. Téqui, 1984, p. 55.

pobres. Donoso Cortés aboga por distribuir convenientemente la riqueza, para lo que el espíritu del catolicismo ha de presidir las leyes y la acción del gobierno. Una riqueza acumulada como consecuencia del egoísmo de las clases burguesas, que han abandonado a las clases depauperadas; «guerra a la clase, paz a las personas»[69], dirá Donoso Cortés. El pensador extremeño llama a la limosna a gran escala, pero no es ningún utópico, pues reconoce la desproporción entre remedio y enfermedad. Ante el torrente del egoísmo revolucionario sólo cabe oponer el dique del catolicismo, que es la religión de las asociaciones vigorosas. Donoso Cortés acusa al liberalismo de golpear el orden social en su base al atacar la propiedad, pues desconoce la necesaria proporción entre el propietario y la cosa. Familia e institutos religiosos son la base de una sana propiedad raíz. El liberalismo –Locke– reduce la propiedad a lo individual, el socialismo –Proudhon– disuelve el instituto de la propiedad y el comunismo, siguiendo el ejemplo del expolio de los bienes de la Iglesia por los liberales, procede de manera consecuente al expolio universal y a la concentración violenta de todos los bienes en el Estado como único propietario. La propiedad moderna no religa ni vincula, sólo posee utilidad. La justicia y la caridad se convierten, para Donoso Cortés, en categorías que fundamentan y dirigen la acción del gobierno, que legitiman la monarquía; la caridad como forma de la justica adquiere

---

[69] Juan Donoso Cortés. *Despachos desde París*. OO. CC., Vol. II., p. 853.

una plena noción política al actuar como categoría legitimadora del mando. Sin este sentido de la justicia las monarquías están condenadas a su destrucción. Berdiaev resumió la cuestión social de manera brillante: «El pan para mí mismo es un problema material, el pan para mi vecino es un problema espiritual».

Donoso Cortés, leído por De Broglie, Montalembert, Schelling, Von Ranke, Meyendorff o Pío IX; por los revolucionarios Proudhon o Herzen. Sus escritos llegan hasta la corte imperial del zar Nicolás I y el propio Luis Napoleón pide su consejo. Diplomático de fama europea acostumbrado a gabinetes y bailes de palacio cuya muerte como plenipotenciario español en París recuerda a los entierros de los reyes, es, sin embargo, como le llama su amigo el conde Hübner, «asceta bajo el hábito bordado de embajador»[70] que sólo tiene una camisa en buen estado para vestir bajo la levita del diplomático, pues sus rentas se gastan enteras entre las familias pobres de los barrios parisinos que apadrina acompañado por su querido Veuillot.

José Antonio Pérez Ramos

---

[70] Cit. en Federico Suárez. *Vida y obra de Juan Donoso Cortés.* Pamplona. Ediciones Eunate, 1997, p. 1025.

I

E L 4 de enero de 1849 un miembro del Parlamento español apareció sobre la tribuna para dar su
opinión en un debate sobre la política general[1].
Pertenecía a la mayoría conservadora y daba la réplica
a uno de los dirigentes del partido progresista, llamado
Cortina[2]. Se discutía el tema que siempre se discute sin
fin entre Gobierno y oposición, allí donde la tribuna ejerce algún poder. El Gobierno había mantenido el orden
en medio de las temibles crisis de 1848 y la oposición le
reprochaba haber vulnerado la legalidad. Ambas partes
se habían expresado con elocuencia. La justa había cum-
plido con el decoro parlamentario, luego podía concluir.
En el fondo, no había ya otra división entre los ánimos

---

[1] El autor se refiere a Juan Donoso Cortés (1809-1853) y a la intervención parlamentaria que más tarde fue conocida como «Discurso sobre
la dictadura» (04.01.1849). Cf. *Obras completas*, II, pp. 305-323. Sobre
este asunto, cf. Edmund Schramm, *Donoso Cortés, su vida y su pensamiento*, Madrid, Espasa-Calpe, 1936, pp. 167ss.; y Federico Suárez,
Vida y obra de Juan Donoso Cortés, Pamplona, Eunate, 1997, pp. 654ss.
[2] Se refiere a Manuel Cortina y Arenzana (1802-1879).

que la de la duda sobre el voto. El ejemplo de Francia, de Alemania, de Italia estaba ahí: progresistas y conservadores veían lo bastante claro a la luz de los relámpagos. El honorable señor Cortina, el primero, se conformaba con una ilegalidad que, al dejar a un lado la República, lo ponía a salvo de la ignominia de ser conservador a su vez. Un discurso más parecía, por tanto, inútil. Nadie encontraba necesario seguir refutando al señor Cortina.

Sin embargo, una vez que el nuevo orador hubo abierto la boca la asamblea se dio cuenta de que quedaba una cosa por decir, una cosa que nadie había dicho aún sobre este tema tan debatido, en el que la casuística constitucional pretende limitar en un equilibrio perfecto los movimientos de la libertad y la resistencia al poder. La cuestión cambió de lugar y de rostro.

Al argumentar sobre el asunto la mayoría, que de modo semejante a todas las mayorías conservadoras se jactaba de ser liberal e incluso progresista, había respetado escrupulosamente como si se tratase de su propia posición el trasfondo doctrinal de sus adversarios. El orador comenzó por declarar que acababa de enterrar al pie de la tribuna, en su sepultura legítima, todas las ideas de la oposición, es decir, las ideas liberales, «ideas infecundas, ideas estériles, ideas desastrosas», «el epílogo de todos los errores que se han inventado de tres siglos a esta parte, y que traen conturbadas más o menos hoy día a todas las sociedades humanas»[3]. Continuó hablando, pero

---

[3] Cf. *Obras completas*, II, p. 305, parágrafos 2.º y 1.º

acostumbrado a las audacias de su lenguaje y a su probidad, aquel auditorio no esperaba el heroísmo de aquellas convicciones que desbarataban una tras otra los dogmas más universalmente recibidos de la libertad moderna y que vaticinaban a esta libertad su inminente muerte, que incluso deshonraban esa muerte al caracterizarla como un suicidio. Anunciando a la civilización del siglo XIX humillaciones tan enormes como los ímpetus de su orgullo, y mostrándola temblorosa y humillada ante algún dictador, le gritaba: «Tus oradores no te salvarán, tus malas artes no te serán de ninguna ayuda, tus ejércitos te llevarán a la perdición; incluso el despotismo traicionará tus viles esperanzas, no encontrarás un déspota, tropezarás y perecerás pisoteado por la multitud si no te inclinas ante la cruz».

Esto era lo que no se había dicho en el debate. Los que acaso lo habían pensado se sorprendían de oírlo; incluso el orador, si reparaba un poco en su propio pasado, podía sorprenderse de pronunciar estas palabras. Tales ideas, tan nuevas para su auditorio, apenas eran menos nuevas para él en la brillante expresión que les había dado. Él mismo había compartido las ilusiones que venía a desbaratar. Había creído en la prensa, en el Parlamento, en las constituciones, en las asambleas, en el progreso; su talento, sus anteriores éxitos, lo habían consagrado como uno de los pontífices de ese culto del espíritu humano de cuyos soberbios y frívolos misterios se mofaba ahora. Sin embargo, acababa de perder a un piadoso hermano al que quería con ternura, y contemplaba las convulsiones miserables entre las que la monarquía europea, desleal a

Dios desde hacía tiempo, perecía sin remedio. Sus ojos, abiertos a la verdad, golpeados por resplandores intermitentes pero no del todo ciegos, habían visto por fin en su propio corazón y en los asuntos humanos todo lo que aclaran las antorchas que escoltan a la muerte. En esa luz se había hecho cristiano. El cristianismo lo sustraía de ese grupo de pensadores sutiles y elocuentes que no son más que la élite de lo vulgar. Desde ese momento sus ideas, ordenadas e iluminadas por la fe, iban a resonar en el mundo. Su *Discurso sobre la dictadura*[4], traducido por un periódico católico francés[5], obtuvo inmediatamente un grandísimo eco, y Europa oyó, para no olvidar jamás, el nombre hasta entonces prácticamente desconocido de Juan Donoso Cortés, marqués de Valdegamas.

Cuatro años después de este día, en el que no sólo ascendió en las jerarquías de la celebridad sino también en las de la autoridad, moría Donoso Cortés a la edad de cuarenta y cuatro años, lleno de vigor y llevándose consigo las luces que necesitaba el mundo. Fue un día de duelo no sólo para España, la patria de su corazón, sino además para Francia, que era como la patria de su inteligencia, y también para la Iglesia, su venerada madre, que veía en

---

[4] Discurso del 04.01.1849. Cf. *Obras completas*, II, pp. 305-323.

[5] Aclaración a pie de página en el original: «*L'Univers*». El diario católico francés *L'Univers* fue fundado en 1833 por el sacerdote Jacques-Paul Migne (1800-1875). Fue comprado en 1838 por el conde de Montalembert (1810-1870) y dirigido desde 1840 por Louis Veuillot (1813-1883); en 1879 le sucede en la dirección del periódico su hermano Eugène Veuillot (1818-1905). Dejó de publicarse en 1919.

él uno de esos hijos que la consuelan, grandes, puros y humildes, y sobre los que se apoya.

La Providencia había llevado a Donoso Cortés a París, al albergue principal de los errores que debía combatir. Los que se acercaron a él y fueron dignos de juzgarlo lo han hallado superior a su reputación. En dos años, y sin buscarlo, se había convertido en uno de los guías de la sociedad francesa. Ejercía una influencia considerable, no sólo sobre los católicos, que apenas contaban entre sus filas con extranjeros, sino también en el mundo de la política y de las letras, donde aportaba al mismo tiempo la autoridad de su vasto espíritu y el encanto de su incomparable sencillez. Sus ideas, sin duda, se alejaban a ojos vista de las que reinaban aún en estos ámbitos, menos luminosas de lo que parece y en las que la penumbra regresa con más rapidez de lo que se creería. Los ancianos ilustres, los personajes de gran prestigio, los sabios, los investigadores, los descubridores rodeados de renombre apenas han comprendido a Donoso Cortés mejor que lo que comprendieron los acontecimientos de la época, tan connaturales a esos tiempos como prodigiosos. Sin embargo, del mismo modo que había que contar con los acontecimientos era preciso contar con esa razón valerosa que no retrocedía ante ningún prejuicio anticatólico o revolucionario –son la misma cosa– y que no dejaba de golpear a ninguno.

Así, la sociedad francesa ha perdido mucho con la muerte de este extranjero, tan valiente y tan hábil para proponer ideas generosas. ¡Dios sabe lo que ha perdido España! He oído a menudo a Donoso Cortés hablar de la gloria, de las desgracias, de los peligros actuales y futuros de su país. Por encima de todo lo que Dios le permitía amar, amaba a España. La decadencia religiosa de esta noble nación era el dolor de su alma. Si bien se equivocaba por modestia sobre sus propias capacidades y se prometió a sí mismo no ser nunca más que un consejero, su mérito lo señalaba para un papel activo que su patriotismo y su fe misma no le habrían permitido rechazar aún. España tenía un hombre en reserva para estos pasos de tinieblas, tan frecuentes en nuestro siglo, en los que las naciones requieren de la inspiración del genio y del coraje inquebrantable de la honradez. En todo caso, Donoso Cortés era de los que conceden poca importancia a la popularidad, la fortuna o los grandes sacrificios; su voz, tan poderosa, nunca habría temido elevarse y enseñar; la superioridad de su talento literario estaba llamada a proporcionarle numerosos discípulos. Quién sabe lo que una escuela de política cristiana, gobernada por él, no habría logrado en poco tiempo entre el pueblo que más heroicos esfuerzos ha hecho en el mundo para acoplarse al yugo de la verdad.

El maestro falleció antes de que se formase esa escuela. Dios cerró los elocuentes labios que había abierto para declarar la justicia de sus castigos sobre las sociedades humanas, culpables de ingratitud hacia la redención y de traición a su luz. Él los abrió enviando la luz y los cerró al enviar la muerte; y, dado que la muerte había sido inesperada y repentina, fue prematura. Cuando el pensamiento de Donoso Cortés, habitualmente orientado hacia el cielo, regresaba a la tierra, no veía más que un espectáculo general de decadencia, sentía que por allí pasaba casi sin descanso un aliento de maldición.

> La atmósfera –decía– contiene un veneno que no permite que nada llegue a su madurez. Allí donde se doblega el espíritu el hombre sucumbe. Al que no traiciona su destino lo traiciona el destino. El siglo pasado fue el siglo de los excesos, ahora estamos en el de los abortos. La multitud lo ha invadido todo, por todas partes asfixia a quien no se vuelva pequeño, escéptico y mudable como ella. Es el reino de la igualdad; Dios nos ha permitido establecerlo tan firmemente que pereceremos a falta de un hombre que ose ponerse por encima de la muchedumbre.

Murió antes de tiempo, como para confirmar estas predicciones de su genio pesaroso. Sin embargo, desde su conversión hasta su muerte hizo buen y leal uso de los dones de Dios, y la extraordinaria repercusión que obtuvo su palabra nos permite creer que no habrá hablado en vano. Este primer discurso de 1849 con el que se dio a conocer[6] se convirtió casi al instante, entre los mejores espíritus de Europa, en la fórmula de los impulsos conservadores que luchaban sin una doctrina contra el predominio de los dogmas revolucionarios. A partir de este momento, se ha identificado y calificado el mal de las sociedades; el

---

[6] Discurso del 04.01.1849. Cf. *Obras completas*, II, pp. 305-323.

remedio se ha vuelto evidente a los ojos de cualquier inteligencia lo bastante elevada y lo bastante sana como para desprenderse del error. Cabe esperar, pese al juicio del propio Donoso Cortés, que a esta temprana adhesión de las inteligencias más sinceras, adhesión renovada cada vez que ha tenido la ocasión de levantar la voz, no la seguirá universalmente la infecundidad a la que él temía que por mucho tiempo estaba condenada cualquier verdad religiosa en el terreno político. Se releerán sus discursos, sus cartas, sus escritos llenos de sustancia y de destellos, cuyo valor no ha podido sino constatar la crítica más desconsiderada. Las mezquinas pasiones que atacan a los vivos se alejan de los muertos, insensibles a sus picaduras. Donoso Cortés ha muerto; nadie hoy en día dirá ya, como hemos tenido que leer en otros días, que su renombre era la obra maestra de un proyecto deliberado. Helo aquí, a salvo ya de las declaraciones agrias de la envidia, de las vanas objeciones de la fatuidad, de las perplejidades apasionadas de la ignorancia. Estas miserias, que son el polvo y el humo del combate, y que a veces consiguen esbozar una nube en torno al héroe, caen sin embargo en cuanto llega ante el tribunal de la posteridad, adonde no suben más que los vencedores. El nombre de Donoso Cortés no perecerá; al contrario, crecerá. Sus ideas, lejos de caer en el olvido, adquirirán más poder a medida que los síntomas que él ha predicho se manifiesten. ¡Dios no quiera, sin embargo, dar a la enfermedad un curso tan veloz que impida a la sociedad ascender a la muralla tras la que creía nuestro autor que podría aún guarecerse!

II

L A corta vida de Donoso Cortés contiene pocos acontecimientos y no es, en cierto sentido, más que la historia de su pensamiento. La ha descrito con distinción el señor Gabino Tejado[7], su discípulo y amigo, quien ha publicado la edición española de su obra. Al mostrar ahí el producto de su ingenio lo ha vindicado contra el insensato y malévolo reproche de cierto número de adversarios que lo acusaban de poca solidez en sus principios. Donoso Cortés tuvo siempre principios y siempre fueron sinceros, siempre adecuó a ellos su lenguaje. El amor a una hermosa moral se hizo firme en su corazón y lo condujo a buscar infatigablemente la verdad, lo llevó a amarla; y desde el momento en que la conoció y la amó le dedicó su vida. No cambió, es decir, no dio como regla a sus opiniones y su conducta el interés voluble de su fortuna, sino que se puso en marcha. Una vez llegó a su destino, nadie fue más constante que él. Se han calificado como variaciones, en el sentido odioso de la enemistad

---

[7] Gabino (o Gavino) Tejado y Rodríguez (1819-1891).

política y literaria, los pasos de esta marcha valerosa de un espíritu noble que no podía descansar en el error. Tal es la miseria de este siglo y de sus hombres públicos: el mayor mérito del ingenio, a sus ojos, es la obstinación. Y nada demuestra mejor su aversión a la verdad, pues tanto elevan sus gritos de protesta cuando el debate conduce a la verdad cuanto se complacen en aquel que se dirige a la apostasía. Donoso Cortés, sin despreciar de entrada ese clamor, supo no obstante hacerle frente de inmediato. Una vez concluida la lucha, y fuese cual hubiese sido el ardor del combate, se dejaba interpelar por las ideas que había combatido, escuchaba aún las objeciones de sus adversarios, atendía a los argumentos de su propia razón, de su espíritu y de su conciencia; y cuando los hallaba mejores que los que él había hecho victoriosos, se rendía. No permitía que el amor propio lo condujese al error debido a esa desgracia de los escritores, que dejan tras de sí testimonios imborrables del influjo que el error ha ejercido sobre ellos. Esta rectitud lo salvó también de verse obligado a retractaciones demasiado dolorosas. Más que abandonar sus ideas debió retomar sus caminos, y a menudo si se equivocó fue por detenerse demasiado pronto. El señor Gabino Tejado estudia su recorrido y muestra este periplo con una claridad eminente. Pero, dado que los escritos que él examina, entre los que interesan especialmente la historia, la política y la literatura españolas, no han obtenido un lugar en esta recopilación, compuesta exclusivamente por las obras católicas del autor, no seguiremos aquí al perspicaz crítico y nos contentaremos con indicar lo que según él basta a nuestro propósito.

Donoso Cortés contaba entre sus antepasados con el conquistador de México. Su padre, el licenciado Pedro Donoso Cortés[8], y su madre, doña María Elena Fernández Cañedo[9], vivían en Don Benito, en Extremadura, su villa natal. En 1809, huyendo de la invasión francesa, se vieron obligados a recalar en su finca de Valdegamas, debido al avanzado embarazo de la joven esposa. Pronto llegaron los dolores de parto y la condujeron aprisa al pueblo más cercano, llamado Valle de la Serena, y ahí, el 9 de mayo, dio a luz a un niño que renovaría en su corta vida el esplendor de la familia.

Existe en Valle una imagen célebre de la Virgen, venerada con el nombre de Nuestra Señora de la Salud. Se presentó el recién nacido a esa imagen y recibió en el bautismo el nombre de Juan Francisco Manuel María de la Salud.

> Pudiera añadirse –escribe Tejado– que el piadoso instinto materno quiso poner aquella cuna bajo el amparo de la que es *Asiento de la Sabiduría*; como si adivinara el rudo combate que, en nombre de la fe y con auxilio de la humana ciencia, había de mantener su hijo con las ideas que penetraban en España, cuando él entraba en la vida[10].

---

[8] Pedro León Donoso-Cortés y Recalde Pavón.
[9] María Elena Nicolasa Fernández-Canedo y Fernández-Canedo.
[10] Gabino Tejado, «Noticia biográfica», en *Obras de don Juan Donoso Cortés*, tomo I, Madrid, Imprenta de Tejado, Editor, 1854, p. x.

Donoso Cortés recordaba con alegría esta circunstancia: la característica particularmente conmovedora de su piedad fue una tierna y filial confianza en la Santísima Virgen.

Sus estudios fueron rápidos y brillantes. A los dieciséis años los había terminado con mérito. Su asiduidad infatigable en el estudio de la historia, de la filosofía y de la literatura testimoniaba desde el principio su vocación por la carrera que realizó. Uno de sus cuadernos, probablemente de 1824, es un esbozo de la historia universal. Llama la atención en él la intención de identificar principios más que de describir y encadenar los acontecimientos. Así, al resumir la historia de Grecia y mencionar los hechos que dieron lugar a la guerra de Troya, cita la expedición de Jasón y la liga de los príncipes del Peloponeso contra los tebanos a continuación de los sucesos de la familia de Edipo:

> La primera –añade– muestra que la unidad individual predominaba entonces; la segunda fue un avance, porque mostró que el reino de la unidad familiar había llegado. La guerra de Troya fue ya la señal del predominio de la unidad nacional y la de Persia, de la unidad de principios: el mundo es hoy lo que era entonces Grecia[11].

---

[11] No ha sido posible comprobar esta cita. Los cuadernos de Donoso Cortés fueron consultados y ordenados por Gabino Tejado en 1853 y encuadernados en cinco volúmenes. Sobre estos documentos, cf. Edmund Schramm, *Donoso Cortés, su vida y su pensamiento*, Madrid,

Se atisba ya el hombre en esta intuición del niño.

Mientras seguía los cursos en la Universidad de Sevilla, su padre, satisfaciendo el deseo que había expresado de estudiar al mismo tiempo literatura, le procuró el medio para pasar sus vacaciones junto a José Quintana[12], uno de los más célebres escritores españoles de la época. El señor Quintana, hombre atento y distinguido, le trazó un vasto plan de lecturas. Para su sorpresa, el inquieto joven fue incluso más allá sin descuidar sus estudios obligatorios, y al año siguiente sabía a la perfección lo que se hubiese creído que a duras penas podría rozar. El señor Quintana escribió a don Pedro que su hijo sería un hombre eminente algún día, fuese cual fuese el oficio que eligiera desempeñar. El pronóstico se reveló acertado, pero quizá no en el sentido en que lo entendía el señor Quintana. Imbuido de las ideas filosóficas y literarias de la Francia del siglo XVIII, había orientado a su alumno por ese camino. El futuro émulo de Joseph de Maistre y de Bonald se había nutrido con Voltaire, Rousseau y muchos otros. Esa era la escuela de pensamiento en la que el señor Quintana, ingenuamente, lo creía llamado a brillar. Esos sofistas confundieron su espíritu, pero, gracias a Dios, sin llevarlo irremediablemente al error, y sobre todo sin corromperlo. Por otra parte, el estudiante se aplicaba a las mil maravillas. «Estudiaba día y noche», dice su padre.

Espasa-Calpe, 1936, p. 11; Santiago Galindo Herrero, *Donoso Cortés y su teoría política*, Badajoz, 1957, pp. 71ss.; y Federico Suárez, *Vida y obra de Juan Donoso Cortés*, Pamplona, Eunate, 1997, pp. 22-23.

[12] Manuel José Quintana y Lorenzo (1772-1857).

Nuestro autor tuvo durante esta época una vena o un entusiasmo por la poesía, que brotó en abundancia. Junto con su más íntimo compañero de estudios, el señor Pacheco[13], reunió a varios camaradas en una suerte de academia privada en la que cada uno realizaba, si se me permite la expresión, una descarga continua de odas, sonetos y piezas diversas de todo género. Se inspiraba sobre todo en Meléndez[14], pero Donoso no podía permanecer ahí. Escribió una tragedia, «desahogo patriótico y literario a un tiempo mismo», escribe Tejado, «que si bien debió mostrar a su autor que no había nacido para poeta dramático, descubrióle el secreto de su vigorosa imaginación, fecundando en ella el oculto germen de la incontinencia de formas, con que después ha decorado sus magníficos pensamientos». A propósito de esta tragedia, titulada *Padilla*[15], Pacheco dice a su vez: «Es un retoño del antiguo genio cordobés el que pace y se ostenta al mundo con su valentía, con su desenfado, con su negligencia tradicional: es otro Lucano, que prepara una nueva *Farsalia*».

Fue así como Donoso Cortés terminó sus estudios de Derecho a los diecinueve años, es decir, antes de la edad requerida para ser abogado. Su reputación, que se iba ganando en todas partes, al exigirle que la convirtiese cuanto antes en gloria lo precedía allí donde fuese. El Consejo Real de la Audiencia de Cáceres, habiendo establecido el

---

[13] Joaquín Francisco Pacheco y Gutiérrez Calderón (1808-1865).
[14] Juan Meléndez Valdés (1754-1817).
[15] Se refiere a Juan de Padilla (1490-1521), conocido por ser uno de los líderes comuneros en la Guerra de las Comunidades de Castilla.

colegio de esta villa, cerrado desde 1825, eligió al joven licenciado para ocupar la cátedra de Literatura creada por los nuevos estatutos y le encargó que pronunciase el discurso de inauguración[16]. Donoso Cortés lo hizo y obtuvo el aplauso general del auditorio, maravillado tanto por sus ideas como por su lenguaje, su seriedad y su juventud. Este opúsculo lleva a la vez el color del racionalismo que debía a su educación y el rastro del fondo cristiano de su espíritu y su alma. En él exalta la austeridad del Evangelio; celebra con elocuencia a Pedro el Eremita y las Cruzadas, que fueron el espíritu vivificador de los tiempos en que apareció la brújula, en que se estableció el derecho civil y político, en que nacieron las ciencias y las artes; menciona a Rousseau, a quien califica como el más temible de los hombres, pero el más seductor y elocuente de los sofistas; y trata con desdén a la secta de la Enciclopedia. En fin, un sentimiento de rectitud que sólo podemos admirar a esa edad y en esa época le indica que ese «brillante siglo XVIII», al que aún no ha aprendido a rehusar cualquier homenaje, divinizó sin embargo todos los errores y todos los crímenes. El aspecto general del discurso es el germen de un eclecticismo que caracterizó al autor hasta el momento en que se sometió a la verdad. No se entretiene tanto en elegir entre los principios que la mera razón le puede suministrar cuanto en intentar fundir su razón filosófica, enturbiada por el error, y su instinto cristiano, que

---

[16] Discurso de apertura en el Colegio de Cáceres (octubre de 1829). Cf. *Obras completas*, I, pp. 182-205.

sin cesar rechaza o rompe esa alianza. Las luchas internas a las que lo condena esta tentativa, tan pronto sordas y ocultas como manifiestas, colmaron su vida intelectual. La última fase de su existencia es el término definitivo del combate, la victoria del cristiano sobre el filósofo, finalmente en posesión de la verdadera filosofía.

Su etapa de profesor en Cáceres, por otra parte, no le deparó otro día hermoso que este. La asignatura de literatura, al no contar en absoluto entre las académicas y no siendo más que voluntaria, quedó muy pronto desierta de alumnos. El profesor acudía a las clases sólo para dos alumnos y, a partir de mediado el curso, no quedó más que uno, el señor Gabino Tejado, que lo cuenta así:

> […] muchas veces pienso qué idea le movía, ó que sentimiento le sustentaba, cuando haciéndome acudir diariamente y con puntualidad al aula espaciosa donde estaba su cátedra, me tenía sentado sobre el banquillo hora y media, pronunciándome un discurso didáctico, del cual puede figurarse el lector lo que se alcanzaría a un chico de diez años. Preciso es que obrara en él con mucha fuerza la conciencia de su deber para llevar tan adelante la formalidad de su empeño; si ya no es, y esto parece más probable, que se aprovechara de aquella cuasi soledad, para hacerse a sí propio prueba y ensayo de sus fuerzas[17].

---

[17] Gabino Tejado, «Noticia biográfica», en *Obras de don Juan Donoso Cortés*, tomo I, Madrid, Imprenta de Tejado, Editor, 1854, p. XVI.

En esta época, a comienzos de 1830, tuvo lugar un hecho cuyas consecuencias arrojaron sobre la vida de Donoso Cortés una sombra invencible de tristeza, de lamento y, si hay que creerle, de arrepentimiento. Se casó con doña Teresa Carrasco[18], hermana del personaje político que fue después conde de Santa Olalla[19]. Dios no le permitió disfrutar por mucho tiempo la felicidad que prometía su hermosa y virtuosa compañía. Una hija[20], único fruto de su unión, les fue arrancada por la muerte; poco después, en 1835, la madre siguió a la hija. Él no hablaba de esta dura prueba, ni siquiera con sus amigos más íntimos. Pero en las cartas que escribió en los últimos meses de su vida, ninguna de las cuales se ha conservado, abriéndose con más franqueza o, para ser más exactos, humillándose ante un hombre que acababa de dirigirles unos justos elogios, se reprochaba amargamente no haber devuelto con suficiente amor el profundo afecto de que había sido objeto. Esa pena, que no conocen más que las almas delicadas, le arrancó palabras llenas de dolor y de ternura y era más amarga al cabo de veinte años que el primer día. Un año antes de su muerte, uno de sus amigos de París le rogó que fuese padrino de una hijita a quien puso el nombre de Teresa. Y, debido a que murió en la cuna y la siguió después su madre, una joven cuya candidez y humildad

---

[18] Teresa García-Carrasco y Gómez-Benítez. El matrimonio tuvo lugar en Cáceres el 20 de enero de 1830.
[19] Juan José García-Carrasco y Gómez-Benítez (1799-1851).
[20] María Josefa Donoso-Cortés y García-Carrasco, nacida el 24 de octubre de 1830.

veneraba, su corazón, removido por los recuerdos igno-
rados de quien le prestaba consuelo, encontró palabras
tan compasivas y tan severas que sorprendieron a este
hombre, acostumbrado sin embargo a toda la elocuencia
de su fe y su amistad[21].

Cuando Donoso Cortés perdió a su esposa, sin embargo, tenía veinticinco años. Entregado a las vanidades
de la ambición y de la gloria, y fiando en la bondad de su
espíritu, soñaba sobre todo con brillar y abrirse camino
en el mundo. «Yo he tenido el fanatismo literario, el fanatismo de la expresión, el fanatismo de la belleza en las
formas»[22]. Sus deseos estaban ya en camino de cumplirse.
Vuelto a Madrid después de algunos años, había abordado
con brillantez la carrera política. En medio de los días
críticos de 1832, cuando Fernando VII al sentirse morir
pidió con angustia a la nación española que mantuviese
la corona sobre la cuna de su hija, Isabel[23], Donoso Cortés
dirigió a este rey una *Memoria sobre la situación actual de*

---

[21] Louis Veuillot se refiere aquí a sus propias circunstancias: fue él
mismo quien pidió a Juan Donoso Cortés que fuera padrino de la
quinta hija del matrimonio Veuillot, Thérèse, que murió pequeña en
julio de 1852; Mathilde, su mujer, murió tras el parto de la sexta hija.

[22] Aclaración a pie de página en el original: «Carta al señor de Montalembert». Cf. *Obras completas*, II, p. 330. Se conserva el texto de
dos cartas de Donoso Cortés al conde de Montalembert, ambas fechadas en Berlín, en 1849 (26 de mayo y 4 de junio). Se recogen en
las *Obras completas*, II, pp. 324-328 y 328-330. La cita pertenece a
la segunda carta.

[23] La futura reina Isabel II (1830-1904), reina de España entre 1833
y 1868.

*la monarquía*²⁴, que produjo entre los círculos políticos de entonces una viva y profunda sensación. Ideas maduras y variadas, expresadas con una fuerza sorprendente, se mezclaban allí con las ilusiones de un corazón y un espíritu de veintidós años. Esas ideas daban al joven autor el crédito que podrían haber llevado a un sabio a retirarlas, si es que había sabios entre las naciones en aquel momento, o si los sabios, al hablar entre esas emociones y tumultos, tenían alguna oportunidad de ser escuchados. El escritor animaba al rey a realizar la revolución que deseaba acometer al derogar la Ley Sálica; y, para proteger a ese trono, que no sería más que una cuna, le aconsejaba reunir las Cortes. En realidad, formulaba una constitución mediante la cual creía satisfacer de un lado las necesidades del momento y del otro las carencias permanentes del país.

España es atacada por una poderosa facción que disputa la corona a la hija del rey. *Es preciso que el Gobierno tenga la fuerza de una facción y que se organice como si fuese una facción.* Eso en cuanto a las exigencias del momento. Pero eso significa instaurar la dictadura. ¿Cómo limitar la dictadura y ponerle un plazo? *Las viejas Cortes del reino sacudirán el polvo de los siglos y vendrán a inclinar la cabeza ante el monarca. El trono se apoyará sobre las clases intermedias, para no perecer en el abrazo del despotismo oriental ni en el abismo de una anarquía tumultuosa.* La representación de estas clases

---

²⁴ *Memoria sobre la situación actual de la monarquía,* dirigida a Fernando VII (San Ildefonso, 13.10.1832). Cf. *Obras completas,* I, pp. 213-223.

intermedias será *la magistratura independiente, la cual representa la gloria y las tradiciones de España.* Ya en esa época, Donoso Cortés se aleja de los revolucionarios constitucionales. Ellos, con la intención de instaurarlo todo *ex novo*, rompiendo con todas las tradiciones, ponen loca o cruelmente sus esperanzas en una multitud que, a partir de ese momento, carece de un pasado y no promete al futuro más que el despotismo insolente de sus aduladores. Así, el primer acto político de Donoso Cortés, el más osado que hayan hecho los liberales antes de morir el rey, explica sin embargo cómo terminó por rechazar el liberalismo por completo. Si las cautelas filosóficas son bastante evidentes en este escrito, nada hay en él que halague los oídos de las pasiones demagógicas y en cambio sí encontramos, a juicio de Tejado, muchas cosas que pueden servir de base para una constitución auténticamente nacional.

La *Memoria* se imprimió a todo lujo con el beneplácito del rey, quien poco después, en febrero de 1833, honró al autor con una distinción especial, y escandalosa para la época, al nombrarlo oficial del Ministerio de Gracia y de Justicia. A decir verdad, añade el biógrafo español, las venerables sombras de los burócratas de Carlos III han debido de estremecerse en sus tumbas al ver entrar en su santuario a este alto cargo de veintitrés años.

En el mes de mayo del mismo año la Academia de Sevilla lo nombró miembro honorario, en recuerdo de su joven musa, que había cantado al Betis de hermosas aguas. Todavía dedicaba Donoso Cortés algunas horas de esparcimiento a la literatura ligera, aunque decidido ya a dedicar sus pensamientos a la meditación sobre los problemas fundamentales del orden social y humano, con el fin de captar «en las entrañas de las sociedades el germen de vida que conservan o el cáncer que las devora». Es así como se expresa en el prólogo de su folleto publicado en agosto de 1834: *Consideraciones sobre la diplomacia y su influencia en el estado político y social de Europa, desde la Revolución de julio hasta el tratado de la Cuádruple Alianza*[25].

Acababa de asistir, en julio de 1834, a las maniobras de la demagogia, y el populacho había masacrado a los sacerdotes y profanado los altares. «No», protesta pues Donoso:

> Madrid no olvidará jamás el día de dolorosa recordación en que ha visto disolverse la sociedad, desaparecer la fuerza pública, y que ha sido testigo de la profanación de sus templos: como si un instinto fatal enseñara a los monstruos que nos infestan que las sociedades no pueden dejar de existir si la Religión, abandonándolas, no las condena a la esterilidad y a la muerte. Los manes de las víctimas piden venganza y la sociedad, justicia. Las leyes no pueden exigir obediencia si no conceden protección; y la libertad y el orden,

---

[25] *Consideraciones sobre la diplomacia, y su influencia en el estado político y social de Europa desde la revolución de julio hasta el tratado de la Cuádruple Alianza* (folleto publicado en agosto de 1834). Cf. *Obras completas*, I, pp. 226-281.

para hermanarse y crecer, necesitan que se purifique el suelo que ha teñido la sangre y que ha profanado el crimen[26].

Al lanzarse al debate filosófico en medio del peligro, Donoso Cortés declara no sólo que la religión es un elemento civilizador como los otros, un engranaje más entre los que constituyen el mecanismo social, sino que es el origen de toda fecundidad y de toda vida para las sociedades porque «la Religión, abandonándolas, las condena a la esterilidad y la muerte». La idea no era nueva; tampoco era nuevo decir que Dios ha hecho de la religión patrimonio de la sociedad; lo que era nuevo y casi extraordinario para el liberalismo español, cuando Donoso Cortés publicó su trabajo, era presentar esta idea como el fundamento y la condición esencial de toda teoría social:

En la Europa bárbara sólo la Iglesia era una sociedad, porque sólo en la Iglesia se encontraba unidad de objeto y armonía de voluntades. Roma aspiró a la dominación en nombre de la fuerza; la Iglesia, en nombre de la verdad: su título era más legítimo: sus medios los ha juzgado ya la historia. Considerada la Iglesia desde este punto de vista, ella continuó el movimiento del mundo romano, elevó las mismas pretensiones y marchó hacia el

---

[26] Cf. *Obras completas*, I, p. 227.

mismo fin[27]; pero más inflexible aún, porque la verdad es más absoluta que la fuerza, vencedora no perdonó jamás, y protestó vencida. En su lucha con los emperadores, al ver postrado a los pies del heredero de san Pedro al heredero de los Césares, la imaginación asombrada no alcanza a concebir esta revolución inmensa en el destino del mundo. Fuera de la Iglesia sólo existían individuos: la voluntad del hombre reinaba sola en aquel caos en que naufragaron todas las instituciones humanas[28], y abandonada la sociedad a sus elementos primitivos, no tenía más vínculos que los de la familia, y apenas existían otras relaciones de dependencia que las del patrono y el cliente, el siervo y el señor[29].

Se percibe aquí el germen de una filosofía católica. Más adelante el autor proclama explícitamente que en la Iglesia reside la verdad absoluta, lo que equivale a reconocer en ella un criterio para todas las verdades. Expresa también un sentimiento de admiración por la Iglesia que, al inspirar el espíritu de veneración por sus doctrinas, puede y debe terminar por llevar a la voluntad a cumplir sus preceptos. No se niega a la Iglesia allí donde se la reconoce; y una vez se la reconoce, se termina por amarla,

---

[27] Aclaración de Veuillot, entre paréntesis en el texto: el restablecimiento de la unidad social.
[28] Aclaración de Veuillot, entre paréntesis en el texto: la invasión de los bárbaros.
[29] *Obras completas*, I, p. 230.

a poco que las circunstancias exteriores ayuden y la exaltación de las pasiones y la influencia de los intereses humanos no se conjuren contra la verdad. He ahí toda la historia de Donoso Cortés.

Sin embargo, hay sombras que oscurecen todavía esta luz. En las *Consideraciones sobre diplomacia*, como otros escritos posteriores que mencionaremos, no se manifiesta el filósofo católico, sólo las disposiciones, apoyadas por el estudios de la historia, que lo condujeron a una filosofía católica. Hasta llegar a ese punto nos topamos una y otra vez con el racionalista. Al final de ese mismo escrito dice, por ejemplo:

> Los pueblos marchan al abrigo de las tempestades *por la inteligencia*, reina del mundo moral, señora del mundo físico. Ninguna clase ha llegado a la dominación sino apoyada en su fuerza. Preguntad a la India y al Egipto: los sacerdotes dominaban aquellas naciones, cuyos anales son los orígenes del mundo, porque la inteligencia había fijado su trono en el recinto de los templos. Preguntad a la Grecia: Orfeo está en la cuna de su civilización y de su historia. Preguntad a los siglos de barbarie que acaban de pasar a nuestra vista: los claustros dominaban la sociedad porque en ellos se fundaron las primeras escuelas. Preguntad a la clase media, salida del polvo ayer y hoy reina del universo; si el comercio y la industria la han formado, sólo la inteligencia la ha constituido en poder y le ha ceñido la corona. Preguntad a las sociedades infantes: ellas obedecerán

al bardo de sus montañas, porque la inteligencia eleva allí su trono sobre las cuerdas de la lira[30].

Es un himno a la razón humana. Muy pronto, sin embargo, oiréis al filósofo racionalista referir las miserias y las debilidades de esta soberana facultad, los crímenes y los errores que ha engendrado en el mundo. Entretanto, observad cómo la honradez de su espíritu lo obliga a situar el cetro de la Divinidad que lo fascina y lo encanta: en las manos de los sacerdotes del Ganges y del Nilo, en las de Orfeo, el domador de monstruos, en las de los bardos de las montañas, es decir, allí donde alienta un principio religioso. ¿Por qué? Porque el filósofo, cantor entusiasta de la inteligencia, cree no obstante que sólo la religión es el principio de la vida y de la fecundidad en todas las sociedades. Junto al propio racionalismo que se proclama soberano, encontramos el principio opuesto que lo limita y lo destruye. Este paralelismo es una clave decisiva para explicar cómo era el hombre en quien se desarrollaba.

A la luz del principio religioso, el espíritu racionalista de Donoso Cortés ha percibido, pese a sí mismo, las verdades más importantes del orden político, del orden social y del orden humano. La armonía entre los pueblos y entre los reyes ha hecho posible esta primera fase en la que la diplomacia ordenaba cristianamente, de acuerdo con la justicia, las relaciones internacionales y creaba la fraternidad entre los pueblos sin aspirar a absorberlos en

---

[30] Cf. *Obras completas*, I, p. 280.

la espantosa unidad soñada y proclamada por el humanitarismo socialista moderno. Pero llega el día terrible para la sociedad en el que «la inteligencia de los pueblos pidió a los reyes sus títulos y examinó sus poderes». Es la segunda fase de la diplomacia, que se transforma en instrumento de opresión que crea y destruye arbitrariamente las nacionalidades, pisotea brutalmente los derechos, proclama por fin los intereses materiales y desciende hasta el materialismo más inmundo y más estéril. Ese es nuestro presente; hay que adivinar el futuro, y el genio de Donoso Cortés advierte, ya desde 1834 y hasta los tiempos en que vivimos y más allá, que un pueblo casi aún bárbaro se dispone a reinar sobre Europa y sobre el mundo.

Mientras que el joven publicista atraía sobre sí la atención y se hacía merecedor de la estima de todos los hombres de algún valor, la provincia de Cáceres nombra a Donoso Cortés secretario de la Diputación Permanente de su Sociedad Económica, en la capital. Fue el único medio que sus coterráneos hallaron entonces para expresarle su simpatía. Bien pronto recibió además una prueba más halagadora y más útil de la confianza que inspiraba. En todas las provincias de España, sacudidas por el espíritu revolucionario, se habían organizado juntas soberanas para asesinar a los generales y los sacerdotes, repartirse los empleos públicos y proclamar sobre estas bases fecundas los principios de la regeneración política del país. Mendizábal[31] llevaba las riendas del Gobierno;

---

[31] Juan de Dios Álvarez Méndez, «Mendizábal» (1790-1853).

era el hombre de los liberales y, como es habitual entre esa clase de políticos, intentaba restablecer el orden haciendo concesiones. Su plan era conceder cuanto pudiese, y sin duda más de lo que era necesario, para disolver las juntas. Con ese propósito, envió a Donoso Cortés en calidad de comisario real, en las provincias de Badajoz y Cáceres, esas dos mitades de la antigua Extremadura. El éxito de la misión fue completo y le valió la Cruz de Carlos III y el grado de jefe de sección en el Ministerio de Gracia y de Justicia. Sin embargo, apenas habían pasado cuatro días cuando cayó el ministro Mendizábal y Donoso Cortés presentó su dimisión. Hay que subrayar que sus opiniones y sus escritos lo habían alejado ya de los hombres cuya suerte creía sin embargo que debía seguir. La división de la familia liberal en dos grandes facciones, *exaltados y progresistas* de un lado, *moderados y conservadores* del otro, aunque existente de hecho, no se había declarado aún. Donoso Cortés, mediante una nota de sus *Consideraciones sobre la diplomacia*[32], había roto con los partidarios de la Constitución de 1812 y no tardó en poner aún más de manifiesto esta ruptura.

Los Estamentos, reunidos en esta época, discutían entre otros proyectos orgánicos el de la ley electoral, prometida con la promulgación del Estatuto. Para las tendencias de los dos partidos que germinaban bajo la aparente

---

[32] *Consideraciones sobre la diplomacia, y su influencia en el estado político y social de Europa desde la revolución de julio hasta el tratado de la Cuádruple Alianza* (folleto publicado en agosto de 1834). Cf. *Obras completas*, I, pp. 226-281.

uniformidad de esta aurora del parlamentarismo, era una ocasión de manifestar públicamente sentimientos cercanos a la hostilidad. Los partidarios de la Constitución de 1812, descontentos con el liberalismo mezquino del Estatuto, encontraban una circunstancia favorable para cambiar su espíritu por medio de leyes orgánicas destinadas precisamente a fortalecerlo y completarlo. Donoso Cortés, uniéndose a los esfuerzos que se hacían dentro y fuera de los Estamentos para combatir estas tentativas, publicó un folleto titulado *La ley electoral considerada en su base y en su relación con el espíritu de nuestras instituciones*[33]. Este opúsculo le valió que el ministerio que nació del motín de La Granja le diese la espalda y lo puso en primera fila de la fracción del partido liberal que adoptó el nombre de «moderada».

En un curso de Derecho Público que impartía en el Ateneo de Madrid se propuso Donoso Cortés explicar la teoría general de los gobiernos y la misión particular de los gobiernos representativos. Pero la teoría, aunque bella e ingeniosa, y en algunos aspectos poderosa como todo lo que brotaba de su espíritu, no ofrecía en definitivas cuentas más que lo que puede ofrecer un sistema social basado en la *supremacía de la inteligencia*. Perdiéndose en definiciones presuntuosas, se equivocaba acerca del hombre, cuyas facultades sabía descomponer mediante el análisis filosófico pero cuya unidad era incapaz de recomponer,

---

[33] *La ley electoral considerada en su base y en su relación con el espíritu de nuestras instituciones* (1835). Cf. *Obras completas*, I, pp. 302-322.

porque su racionalismo no llegaba comprender la obra de Dios. Veía al hombre al modo de los anatomistas; el ser vivo y uno, salido de las manos del Creador para conocerlo, amarlo y servirle, no lo veía ni lo percibía. En la imposibilidad de encontrar una ley para ese ser *ondulante* y *diverso* que escapa a toda ciencia y a toda razón desde el momento en que se le arranca la ley divina, lo asimilaba a la sociedad. Así, la deificación de la inteligencia lo conducía a proclamar la tiranía y a darse de bruces con lo que hay al fondo de cualquier teoría racionalista: el despotismo.

Esta consecuencia no la buscaba ni la aceptaba Donoso Cortés. Y es fácil advertir cómo intentó esquivarla y volverla imposible. El hecho de la omnipotencia social le espantaba: la tiranía que ordena le repugna tanto como la abyección que obedece; no admite ni un poder absoluto ni una obediencia pasiva. El instinto cristiano se despierta y le sugiere algunas declaraciones elocuentes. ¿Y qué? Sigue sin evitar el problema: si no hay más que la razón y la libertad, ¿cómo gobernar a los hombres? Es dudoso que ninguna otra de sus obras lo haya satisfecho menos que *Lecciones de derecho político*[34], donde sin embargo su genio se despliega con tanta fuerza. Es un ciego sublime: presiente la claridad, la adivina a veces y reconoce que no la posee. Su espíritu poseía una tendencia innata al absoluto que nunca se contentó con la superchería de las transacciones eclécticas. Esta tendencia lo empuja hacia

---

[34] Las *Lecciones de derecho político*, diez en total, están fechadas entre el 22 de noviembre de 1836 y el 21 de febrero de 1837. Cf. *Obras completas*, I, pp. 327-445.

todo lo que él cree grande, le inspira expresiones de abominación contra todo lo que juzga indigno de la majestad de Dios y de la libertad humana y lo ejercita en la defensa de todo lo que cree verdadero sin preocuparse de los peligros que todo esto le puede acarrear. No se trata en absoluto de un caso de eclecticismo. Se podía, por tanto, predecir que no permanecería siempre, ni siquiera mucho tiempo, en esta escuela de equilibristas para la que su inteligencia, alertada por su educación, lo había reclutado pero de la que su voluntad, que permanecía sana, lo arrancaba mediante un esfuerzo noble y continuo.

Ya en su primera lección, dictada en febrero de 1837, ese esfuerzo parece casi victorioso. Allí se vuelve con irritación contra los demagogos del siglo anterior, que no dieron al pueblo *ni pan ni libertad*, sino que le quitaron su Dios. «¿Con qué llenaron ese inmenso vacío? Con la razón humana que sucumbe, si la fe no la sostiene; que desfallece si otra divinidad no la guía». Así concluye, con la proclamación de la superioridad de la fe, este curso destinado a mostrar la supremacía de la inteligencia.

En este mismo año de 1837 publica un folleto sobre la reforma constitucional[35] y funda un periódico, *El Porvenir*[36], para combatir el liberalismo exaltado. Su polémica, muy activa, era al mismo tiempo amarga, y sus ideas se

---

[35] *Principios constitucionales aplicados al proyecto de ley fundamental presentado a las Cortes por la comisión nombrada al efecto, por D. Juan Donoso Cortés*, Madrid, Imprenta de la Compañía Tipográfica, 1837.
[36] Cf. *Artículos políticos en* El Porvenir *(1837)*, introducción de Federico Suárez, Pamplona, Eunsa, 1992.

alejaban cada vez más de las doctrinas de la escuela revolucionaria. Lo resume en un artículo titulado «La religión, la libertad, la inteligencia»[37]:

> Cuando el hombre pensador se pone a considerar detenidamente el rico y variado panorama de la historia; cuando, evocadas por la meditación, pasan por delante de sus ojos las revoluciones que han ensangrentado el mundo, que han conmovido la tierra y que han hecho vacilar sobre sus estremecidos cimientos los frágiles edificios de las sociedades humanas; cuando, sediento por alcanzar el origen de tan ásperos trastornos, pide a las revoluciones y a la historia que disipen las tinieblas de su espíritu, y le revelen ese secreto que humilla, ved aquí lo que le revelan sus oráculos.
>
> El hombre es por su naturaleza religioso, inteligente y libre. Cuando estos tres caracteres, que constituyen su naturaleza, se desarrollan armónicamente en su seno, el hombre alcanza su mayor grado de perfección y de ventura. Cuando estos tres elementos no se desarrollan armónicamente en él, una perturbación febril le acongoja y un malestar indefinible y acerbo le atormenta[38].

---

[37] «La religión, la libertad, la inteligencia», publicado en *El Porvenir*, 13.06.1837. Cf. *Obras completas*, I, pp. 487-491; y *Artículos políticos en* El Porvenir *(1837)*, introducción de Federico Suárez, Pamplona, Eunsa, 1992.
[38] *Obras completas*, I, p. 487.

Enunciados estos principios, el publicista, siguiendo su método habitual, aporta la demostración histórica:

> La reunión en un solo hombre de estos tres sublimes caracteres sólo una vez se ha realizado en la tierra, sólo una vez la han presenciado los siglos.
>
> Hubo un hombre cuya voz fue la inteligencia del mundo y la confusión de los sabios, siendo así entre los *inteligentes*, el más *inteligente*.
>
> Hubo un hombre que anunció con su venida el reinado de la fe, que inflamó con su purísima llama los corazones más tibios, siendo así el más *religioso* entre los hombres *religiosos*.
>
> Hubo un hombre, en fin, que, cumplida su misión, se resignó a una muerte voluntaria, siendo así, entre los *libres*, el más *libre*.
>
> Ved ahí el hombre completamente grande, el hombre tipo, el bello ideal de la humanidad entera: *Ecce homo*[39].

No necesitamos calificar esta especie de cristianismo filosófico-sentimental ni el paralelismo entre Sócrates y Jesucristo, para establecer que Sócrates fue *entre los griegos* lo que Jesucristo fue *entre los hombres*. Mencionemos tan sólo la aplicación general que el escritor hace de las sociedades de la doctrina y de las pruebas históricas que acaba de proponer acerca del hombre:

---

[39] *Obras completas*, I, p. 488.

Si nuestros lectores se penetran de estos principios, a nuestro entender generalmente olvidados, podrán recorrer con fruto el laberinto de la historia. Entonces conocerán por qué causas los convencionales franceses sólo pudieron destruir y aglomerar escombros sobre escombros. En vano un rayo de libertad ardía en sus pechos y un rayo de inteligencia en sus frentes; en el delirio de su exaltación y en el desvanecimiento de su poder destronaron a Dios, y en su locura se proclamaron ateos. ¿Qué podía salir del pandemonio revolucionario y ateo, sino un lago de sangre? [...][40]

Y si nosotros surcamos también mares que surcan las borrascas, si asistimos como víctimas a la descomposición social que llena de luto nuestros corazones y agolpa en nuestros ojos el llanto, ¿quién, decidnos, ha concitado las borrascas, quién acelera nuestra disolución, quién causa nuestra agonía, quién cava nuestro sepulcro, quién prepara los negros atavíos de nuestros tristes funerales? ¿No es el partido imbécil que continúa entre nosotros la obra de los antiguos revolucionarios, sin alcanzar su poder, sin tener su inteligencia, y que sólo se parece a tan enormes gigantes en que proclama la libertad y es ateo?

Sí, ateo; porque, aunque los individuos que le componen adoren a Dios en el hogar de su familia,

---

[40] *Obras completas*, I, p. 489.

el partido será ateo si no lo proclama en las leyes, como sus individuos en los domésticos hogares.

Sí, ateo; porque, aunque proclame el nombre de Dios en las leyes, será prácticamente ateo si no le respeta bajo la forma con que en nuestra sociedad es respetado. ¿De qué sirve que le proclame en teoría, si no sabe respetar su culto? ¿Y sabe respetar su culto el partido que quiere despojar a los templos de las riquezas en ellos depositadas por la piedad de los fieles? ¿Ignora, por ventura, que a los ojos de los pueblos son una misma cosa el culto, la religión y sus ministros, y que, en materias de esta especie, ningún gobierno quedó impune si no respetó las opiniones populares[41]?

Así hablaba Donoso en 1837 de este partido del liberalismo español que comenzó por arrancar al sacerdote del altar, después arrancar los altares de los templos y por fin los templos de las ciudades. Pero no se limitaba a acusar a este partido extremo, con el fin de exaltar al que empezaba a llamarse moderado; aspiraba a algo más que a fundar dentro del liberalismo un partido sobre las ruinas de otro; si no hubiese deseado más que esto no habría añadido las siguientes palabras:

Concluyamos. Entre los varios partidos que han conquistado el Poder entre nosotros, ninguno ha

---

[41] *Obras completas*, I, p. 490.

sido hasta ahora bastante religioso ni bastante inteligente [...]. Declaramos francamente que ningún partido hasta ahora ha comprendido nuestra situación política y social, que la nación no la ha comprendido tampoco, y que los partidos devorarán a la nación o la nación se devorará a sí propia si los partidos y la nación no admiten nuestro programa.

Nuestro programa o la muerte[42].

Donoso veía estallar en España una revolución más social que política. Y, en congruencia con esta manera de ver las cosas, no podía ni quería limitarse a defender los intereses transitorios de un partido político sino fundar una escuela que combatiese con la palabra y con la acción a todas las falanges de la anarquía política y del ateísmo oficial. A su llamada, y bajo la advocación de sus doctrinas, tomó cuerpo y figura el partido moderado; el cual a su vez, y como si quisiera darle una muestra evidente de que lo reconocía como su *magister sententiarum*, le concedió el puesto más eminente en sus periódicos más importantes y en sus cátedras más autorizadas. Ya he dicho el papel tan principal que desempeñó en *El Porvenir*; es público y notorio el no menos principal que tuvo en la fundación y dirección de la *Revista de Madrid* en 1838 y del *Piloto* en 1839, así como la activa colaboración que prestó al *Correo Nacional*, convertido

---

[42] *Obras completas*, I, pp. 490-491.

después, con su inmediata intervención, en *El Heraldo*[43]. Sabido es también que durante la misma época de sus *Lecciones de derecho político* en el Ateneo le nombró esta sabia corporación presidente de su sección de ciencias morales y políticas; lo cual fue tanto como darle la primacía del instituto científico y literario, que, por aquel tiempo, más aún que en nuestros días, era centro del partido moderado.

Rodeado incesantemente en esta misma época de los jóvenes que más descollaban en el cultivo de la literatura, y obligado a asociarse con sus consejos, ya que no con sus producciones, al movimiento casi febril que hizo de aquel periodo uno de los más fecundos de los anales literarios de España, encontró tiempo para escribir los artículos sobre «el clasicismo y el romanticismo», que publicó *El Correo Nacional* a mediados de 1838[44]. Se había enconado entonces la pelea entre las dos escuelas rivales designadas con aquellos nombres; y Donoso, con el fin de zanjar un debate que le parecía estéril, aplicó de lleno a la exposición y solución de las cuestiones suscitadas en aquella arena el eclecticismo que ya había empezado a abandonar e incluso a combatir en el estadio político. Al comparar este opúsculo literario con su anterior discurso inaugural

---

[43] Cf. Federico Suárez, *Donoso Cortés y la fundación del* Heraldo *y* El Sol, *con una correspondencia inédita entre Donoso Cortés, Ríos Rosas y Sartorius*, Pamplona, Eunsa, 1986, *maxime* pp. 96ss.

[44] Cf. *Obras de don Juan Donoso Cortés*, ed. Gabino Tejado, tomo II, Madrid, Imprenta de Tejado, Editor, 1854, pp. 5-41.

del colegio de Cáceres[45], y los dos con el que a principios de 1848 pronunció con ocasión de su ingreso en la Academia de la Lengua[46], se halla la misma gradación que en sus escritos filosóficos lo caracteriza, primero, como defensor de aquella especie de cristianismo estético y sentimental de la escuela francesa que aspiró a la fusión tan absurda como impía de espiritualismo cristiano y naturalismo pagano; después, como el filósofo que atraído por un secreto impulso hacia la región serena de la fe viva y de la caridad fecunda rinde tributo de admiración sincera al dogma y a la doctrina de Jesucristo; y, por último, como el hombre cuya admiración de artista, por decirlo así, trocada ya en amor de cristiano verdadero a la religión de sus padres, expresa sus afectos en un himno sin fin a la misericordia divina, la cual ha dado luz a su alma y ternura a su corazón. Los artículos sobre el clasicismo y el romanticismo pertenecen al segundo de estos periodos: son la apología de la civilización cristiana, considerada bajo el aspecto de su influjo sobre la literatura y las artes, que no es sino consecuencia de su influjo sobre las ideas y las costumbres.

Aquellos artículos fueron, sin embargo, el último escrito que consagraría específicamente a cuestiones literarias; lo llamaban ya a pensar y a combatir otras

---

[45] Discurso de apertura en el Colegio de Cáceres (octubre de 1829). Cf. *Obras completas*, I, pp. 182-205.

[46] Discurso académico sobre la Biblia: «La Biblia como fuente de inspiración y de belleza» (pronunciado en la Academia Española de la Lengua, en abril de 1848, y publicado en *El Faro*, 18.04.1848). Recogido en *Obras completas*, II, pp. 278-300.

cuestiones de mayor importancia en el ejercicio de su nuevo cargo político de diputado a Cortes, para el cual había sido elegido por la provincia de Cádiz[47]. Cabe imaginar los pensamientos que agitarían su pecho, los afectos que tumultuosamente hervirían en su corazón ambicioso, cuando se vio en posesión de la tribuna, después de haber hecho tan lucidas armas en la cátedra y en el periodismo. Allí expresaba sin duda algo que, ocho años más tarde, escribiendo desde París para el *Heraldo*, repitió acerca de dos diputados[48], O'Connell en Inglaterra y Olano en España: que, el primero durante toda su vida y el segundo en una ocasión, *fueron un pueblo*. Para un hombre de su temple, y en la época de la que hablamos victorioso en todos los lances anteriores, y poseído de la vanidad filosófica, la tribuna debía de ser o bien un potro de tortura o bien un pedestal magnífico. Dios quiso que fuera lo uno y lo otro.

Los que le han visto –dice el sr. Tejado– «en sus grandes momentos de elocuencia, en sus horas solemnes […] dominar a la asamblea, subyugada por el prestigio de aquella frase rotunda y sentenciosa, de aquel acento sonoro y penetrante, de aquel continente imperioso», los que han presenciado este espectáculo, «los que saben cuán estrepitosamente ha resonado por el mundo aquella voz poderosa; […] no concebirán fácilmente la manera en que

---

[47] Donoso Cortés desempeñó el cargo desde diciembre de 1837, inaugurando así su carrera parlamentaria.

[48] Se refiere al irlandés Daniel O'Connell (1775-1847) y al guipuzcoano Valentín de Olano y Orueta (1808-1851).

fue recibido por el Congreso español el primer discurso que pronunció en él Donoso»[49].

Se mofaron de él. La hostilidad de las opiniones, junto con esa especie de celo que acecha siempre en terreno nuevo a las reputaciones ya labradas, se mostraron severas hasta la injuria debido a la inexperiencia, por otra parte llena de aplomo, de quien no supo ni administrar esos desdenes ni presentar con habilidad sus inusuales puntos de vista. Se trataba de una cuestión de finanzas. El orador llevaba el tema, con razón, a la altura de una cuestión política. Pero a juicio del vulgo llegar a la cumbre de la cuestión es salirse de ella. Donoso incluso habló de Dios y de la Providencia. ¡Dios y la Providencia en un asunto de cifras! Se le rieron, y en algunos casos las risas se trocaron en abucheos. El orador bisoño, sin embargo, no se dejó intimidar; terminó su discurso y, como en el fondo este era bueno y sólido, al final los aplausos ahogaron a las risas y las felicitaciones hicieron frente a los sarcasmos.

Los progresistas, a los que él había atacado vigorosamente, no pudieron por consiguiente felicitarse por su relativo fracaso, y él no tuvo motivo para alarmarse. Continuó la guerra que libraba contra la aplicación de las

---

[49] Cf. Gabino Tejado, «Noticia biográfica», en *Obras de don Juan Donoso Cortés*, tomo I, Madrid, Imprenta de Tejado, Editor, 1854, pp. XLIV-XLV. Cf. *Diario de Sesiones*, pp. 1532ss. (31.03.1837). Sobre este asunto, cf. Federico Suárez, «Los comienzos parlamentarios de Donoso Cortés», en *Revista de Estudios Políticos*, nueva época, n.º 65 (julio-septiembre de 1989), pp. 7-33.

doctrinas revolucionarias, caminando a grandes zancadas por el sendero que lo conduciría a negarlas radicalmente.

Su instinto, su razón y ahora su experiencia le mostraban la necesidad de constituir para el gobierno una esfera de acción más ancha y expedita de lo que le consentían las doctrinas del parlamentarismo francés importado a suelo español. Un escrito de 1838, *La monarquía absoluta en España*[50], marca ya en él el triunfo de las doctrinas fundadas en las tradiciones políticas españolas sobre el doctrinarismo francés, al cual, por otra parte combate directamente en varios artículos que publicó en *El Correo Nacional*, en 1839. Este es verdaderamente el período en que, excitado por el ardor de la lucha y guiado por una serie de estudios históricos más sostenida y mejor ordenada que en su primera juventud, empezó Donoso a consolidar el sistema de sus doctrinas políticas. Vio con claridad el error de los que identifican el antiguo sistema constitucional español con el parlamentarismo engendrado por la Revolución francesa. Confundidos por las semejanzas de las formas, no advertían el abismo que separaba los principios y cuando pretendieron aplicar la teoría que ellos deducían de esta amalgama de contradicciones, no lograron sino falsear el conocimiento del pasado y a sustraer de sus restos lo que tenían de fecundo y de aplicable al presente. Es contra estos visionarios contra los

---

[50] Nota del autor: «Publicado en la *Revista de Madrid*». Efectivamente, el texto «De la monarquía absoluta en España» fue publicado en 1838, en la *Revista de Madrid*, en sus números 1 y 2. Cf. *Obras completas*, I, pp. 526-580.

que Donoso protesta en este pasaje de su esbozo sobre la monarquía absoluta en España:

> Los que, desconociendo de todo punto la naturaleza y el significado de nuestras antiguas Cortes, reconocen en ellas un signo de libertad, ven en su decadencia un signo de servidumbre. Y, sin embargo, nada hay más opuesto a los hechos históricos que esta manera de considerar aquellas instituciones políticas. La verdad es que las Cortes no fueron nunca otra cosa sino un campo de batalla en donde el trono, la Iglesia y el pueblo lidiaron por arrancar el Poder de las manos de una aristocracia ensoberbecida con sus triunfos. Consideradas desde este punto de vista, las Cortes, lejos de ser un signo de que el pueblo era libre, son un signo de que había un enemigo poderoso que le movía cruda guerra, y que le obligaba a combatir para reconquistar su antigua dominación y sus inmemoriales derechos. Siendo esto así, la decadencia de las Cortes, lejos de ser un signo de servidumbre, fue, al contrario, un signo de que había alcanzado la victoria, y de que en adelante, para dominar, no le era necesario hacer alarde de sus fuerzas y ostentación de sus armas. ¿Necesitó de Cortes para dominar en tiempo de Recaredo? ¿Necesitó de Cortes para dominar cuando con su voluntad omnipotente hizo salir armada de todas armas, de las cavernas de Asturias, la monarquía de Pelayo? La monarquía absoluta en España ha sido siempre democrática y religiosa;

por esta razón, ni el pueblo ni la Iglesia han visto jamás con sobrecejo el engrandecimiento de sus reyes, ni los reyes con desconfianza las libertades municipales de los pueblos ni las inmunidades de la Iglesia [...] Solo hallándonos en posesión de ella[51] nos hallaremos en posesión de la causa de nuestras grandes miserias, de nuestros largos infortunios y de nuestros presentes desastres[52].

En ese momento la oligarquía del justo medio reclamaba para sí todas las prerrogativas del trono y todas las riquezas del altar; la constitución política organizaba la desconfianza entre el Gobierno y los gobernados, en el espíritu del constitucionalismo moderno; y la constitución eclesiástica contenía un germen de cisma. Ante esta situación, hablar como hablaba Donoso en el párrafo anterior, hacer al mismo tiempo apología de la Iglesia católica en general y de la Iglesia española en particular, suponía proclamarse católico en el orden religioso y tradicionalista y contrario al parlamentarismo en el orden filosófico y en el orden político.

A partir de ese momento no hay un solo escrito de Donoso Cortés que no sea un paso evidente de su espíritu y de su corazón hacia las doctrinas católicas. Recuérdese que por los años 1834 y 1836 le hemos visto proclamar la supremacía de la inteligencia y profesar abiertamente

---

[51] Aclaración de Veuillot, en el texto: de esta verdad.
[52] *Obras completas*, I, p. 578.

doctrinas racionalistas; recuérdese que en 1837 y 1838 lo hemos visto vacilar ya en la profesión de estas doctrinas y modificar lo absoluto de aquel principio, hasta el punto de proclamar no ya únicamente el *coimperio* de la razón y de la fe sino la necesidad en que la primera se halla, para no sucumbir, del auxilio de la segunda. El artículo que publicó en la *Revista de Madrid* en 1839 –sobre el *Estado de las relaciones diplomáticas entre Francia y España, explicado por el carácter de las alianzas europeas*– nos da su situación filosófica[53].

Donoso empieza determinando allí las causas generales que producen las guerras y las alianzas de todos los tiempos y entre todas las naciones, que son, según él, los principios religiosos, los principios políticos y los intereses materiales. Los principios religiosos dominan en absoluto desde la propagación del cristianismo hasta el Tratado de Westfalia; después de este tratado el catolicismo, que era el espíritu rector de las relaciones internacionales y de las instituciones políticas, quebrantada su poderosa y magnífica unidad, no gobierna ya Europa. Entonces llegó el turno de los intereses materiales y los gabinetes pusieron exclusivamente sus miras en el equilibrio europeo.

> Entretanto, con el abatimiento del principio religioso y la dominación del principio materialista, se emancipó completamente la razón humana [...]

---

[53] «Estado de las relaciones diplomáticas entre Francia y España explicado por el carácter de las alianzas europeas», *Revista de Madrid*, n.º 2 (1838), pp. 384-409. Cf. *Obras completas*, I, pp. 581-618.

Entonces sucedió que la filosofía, buscando el *porqué* de todas las cosas, quiso averiguar el *porqué* de todas las instituciones políticas, religiosas y sociales, y citó ante su augusto tribunal a los reyes, a los sacerdotes y a los pueblos. Y como, por una parte, el *porqué* de estas instituciones estaba escrito en una esfera más alta que la suya, y como, por otra, la filosofía negaba todo lo que estaba fuera de su jurisdicción y dominio, negó el *porqué* de todas las instituciones existentes, las desdeñó como absurdas, las condenó como monstruosas y las execró como opresivas y arbitrarias. Y como la filosofía no podía contentarse a sí propia con esta negación absoluta, quiso, nuevo Prometeo, robar al Cielo su lumbre y amasar nuevamente a su antojo, dándole el soplo de vida, el barro vil de la tierra. [...] Quiso reformar todas las instituciones humanas.

Nada hay que no sea lógico y providencialmente necesario en esta loca ambición de la filosofía, que tantos vértigos había de causar al mundo, que tantas plagas había de traer sobre los hombres y tal tesoro de calamidades había de derramar sobre la tierra. La filosofía se separa de Dios, niega a Dios, se hace Dios. [...] Por eso, así como Dios hizo al hombre a su semejanza e imagen, la filosofía quiso hacer a la sociedad a su imagen y semejanza. Por eso, a imitación de Jesucristo, que dio su Evangelio al mundo, quiso dar su Evangelio a las sociedades, mostrándolas, en medio de las tempestades de la revolución, como Moisés, coronada la frente de rayos desde la cresta tempestuosa del Sinaí, las nuevas tablas de la ley, en donde estaban escritos los *derechos imprescriptibles del hombre*. Así, la Revolución francesa debía ser lógicamente el sangriento comentario y el término providencial de la emancipación de la razón humana, como también el último de sus extravíos[54].

No puede ser más terminante su ruptura con el racionalismo, ni más claro su divorcio de los principios que el liberalismo de estos tiempos reconoce como fundamentales de su doctrina y de sus instituciones. Quien esto escribe podrá no estar poseído de aquel espíritu de piedad sincera y activa que confirma su fe con obras y que arregla sus prácticas a sus creencias; pero indudablemente profesa ya la filosofía católica.

Cuando los escritos de Donoso, en la época de su vida que vamos contando, no nos ofrezcan ya directa y explícitamente formulado un sistema de filosofía católica, aun así nos autoriza a conjeturarlo la tendencia cada vez menos ecléctica, cada vez más vigorosa y constante que se advierte en sus opiniones y doctrinas. Ya en 1838, en *El Correo Nacional*, había atacado a los doctrinarios. Nacida de la necesidad francesa y española de establecer transacciones entre principios opuestos, de poner paz temporalmente entre intereses exclusivos, esta escuela le parece

---

[54] *Obras completas*, I, pp. 584-586.

incapaz de resolver los problemas sociales. «Doctores de una ciencia impotente», críticos y artistas del análisis, carentes de todo principio evidente, «no han podido elevarse –dice Donoso– ni en sus estudios históricos, ni en sus estudios filosóficos, ni en sus estudios sociales, a una síntesis profunda». Donoso despide cortésmente al liberalismo doctrinario considerado como escuela filosófica; y le anuncia una inmediata, estrepitosa, y mortal caída como partido político. El 24 de febrero de 1848 se cumple la predicción: las falanges socialistas implantan su terrible dogma en aquel trono que no podían defender los doctrinarios.

Una vez refutado radicalmente el fundamento de la filosofía de esta secta, la lógica exigía que se negasen también las consecuencias prácticas que esta filosofía aplicaba al orden político. Donoso no retrocede en absoluto. En 1839, en el momento de las elecciones a Cortes, se expresa así:

> Los electores van a decidir soberanamente de qué manera ha de ser interpretada la Constitución española; tres son las interpretaciones posibles; conviene a saber: la interpretación monárquica, la interpretación parlamentaria y la interpretación democrática. Estas tres interpretaciones darán por resultado tres diversas especies de monarquías, conviene a saber: la interpretación monárquica dará por resultado la monarquía constitucional, que es la monarquía pura, en el sentido que damos a esta voz, y que explicaremos más adelante;

la interpretación parlamentaria dará por resultado la monarquía parlamentaria, que es el parlamento más un rey; la interpretación democrática dará por resultado la monarquía de este nombre, que no es otra cosa sino la democracia servida por un parlamento y adornada con un trono [...] Veamos los caracteres que distinguen a las tres especies de gobierno que acabamos de mencionar.

[...] La monarquía constitucional es aquella en que el poder es limitado y uno, residiendo en una persona que lo transmite hereditariamente; esa persona es el rey. La monarquía constitucional se diferencia de la monarquía parlamentaria y de la democrática en que la primera reposa en la unidad del poder, y la segunda y la tercera en la multiplicidad de los poderes; se diferencia de la monarquía absoluta en que, en la monarquía constitucional, siendo uno el poder, es limitado; mientras que en la absoluta, siendo uno el poder, no tiene límites.

A la monarquía constitucional la llamamos *pura* nosotros porque no está adulterada con principios que alteran la índole de una bien ordenada monarquía. La monarquía absoluta es una monarquía adulterada, porque en ella el rey pide para sí la omnipotencia social; omnipotencia que sólo se aviene con la naturaleza de Dios pero que no pueden reclamar para sí, sino en un acceso de orgullo y de delirio, ni un hombre ni muchos hombres. Las monarquías parlamentaria y democrática son monarquías adulteradas; porque el poder por su naturaleza es indivisible, incomunicable y uno; y en esa clase de gobiernos, el poder se reparte y se fracciona. Más claro: llamamos *pura* a la monarquía constitucional porque, en esa clase de gobierno, está tan lejos el poder de la *división* como de la *omnipotencia*; de la división, que repugna a la índole del poder; de la omnipotencia, que repugna a la naturaleza del hombre. Para nosotros, el poder no es poder si no es uno; el poder no es humano si no tiene límites.

¿Cómo se comprende la unidad con la limitación? Este es el problema que sólo pueden resolver las monarquías puras, es decir, las monarquías constitucionales. En ellas el poder es *uno* porque reside exclusivamente en la persona del monarca; y es *limitado* porque encuentra límites en las *instituciones populares*. Para nosotros, el Congreso y el Senado no son *poderes* porque el poder no tiene plural y porque a la idea de poder va necesariamente asociada la de acción directa sobre el súbdito; acción que ni tiene el Congreso ni tiene el Senado. Pero si no son un poder, porque no obran directamente sobre el súbdito, son instituciones que limitan el poder porque limitan la acción que ejerce sobre el súbdito el único poder de la sociedad, es decir, el monarca. Tal es para nosotros la índole de las monarquías puras; es decir, de las monarquías constitucionales. Sólo en ellas el poder es fuerte, porque es uno; sólo en ellas la sociedad es libre, porque el poder es limitado […].

La monarquía parlamentaria (es decir, la monarquía ecléctica de los doctrinarios) no puede ser una realidad sino donde el parlamento está dominado por una aristocracia poderosa: entonces el parlamento es rey. Pero cuando el monarca es un poder, y cuando en el parlamento entran individuos de todas clases, la monarquía parlamentaria es el caos; la fuerza parlamentaria y la fuerza real se neutralizan; neutralizándose, lejos de haber dos poderes en la sociedad, no hay ninguno. Y si por acaso una de las dos fuerzas alcanza la victoria, la monarquía devora al parlamento, o el parlamento devora a la monarquía. La monarquía parlamentaria no puede producir nunca, en último resultado, sino la negación de todo poder, o un poder sin límites, alcanzado, no en nombre del derecho sino en nombre de la victoria; es decir, el despotismo del vencedor y la servidumbre del vencido[55].

Estas citas, que no han perdido su vigencia, bastan para mostrar que Donoso Cortés profesaba un conjunto de opiniones políticas y antiparlamentarias, antidoctrinarias y antieclécticas mucho antes de escribir expresamente contra el liberalismo parlamentario, doctrinario y ecléctico.

---

[55] Publicado en *El Piloto*, 19.06.1839. Cf. *Artículos políticos en* El Piloto, introducción de Federico Suárez, Pamplona, Eunsa, 1992, pp. 373-375; y Gabino Tejado, «Noticia biográfica», en *Obras de don Juan Donoso Cortés*, tomo I, Madrid, Imprenta de Tejado, Editor, 1854, pp. LI-LIII.

El partido moderado, al que pertenecía Donoso, no dejó pasar sin protestas públicas estas doctrinas tan claramente contrarias a los dogmas de la Revolución. En cualquier caso, el temor a conceder una ventaja a los progresistas contuvo estas disidencias.

Por otra parte, los publicistas no abandonaban los intereses de su partido, los defendían con un ímpetu que obligaba a sus amigos a tolerar sus opiniones particulares pese al disgusto por ver que arraigaban entre ellos. La juventud del partido, es decir, la porción más libre de prejuicios, se asimilaba de buen grado a las opiniones que pasaban, con razón, por poco ortodoxas dentro de la familia doctrinaria.

Los acontecimientos políticos del momento no favorecían demasiado la heterodoxia de Donoso Cortés. Hacia finales de 1837 los progresistas, aplastados por sus propios excesos, sin un principio fijo, sin un plan, impotentes tanto para la acción como para la resistencia, se vieron obligados a ceder el lugar a los moderados, que no tenían mucha fuerza pero estaban agrupados en torno a un plan más realista. Sin embargo, el pronunciamiento de septiembre de 1840, preparado para convertirse en una larga lucha, devolvió a los progresistas al poder y desplazó a los moderados.

Donoso, sea porque había previsto la tormenta o porque había sentido realmente la necesidad de tomarse un descanso, disfrutaba en ese momento en París de un permiso que había solicitado desde el mes de julio para «recuperar la salud».

Desde esta época empieza la importancia oficial de Donoso en la política de su tiempo. El respeto que inspiraba su talento y su carácter hasta le proporcionaron un lugar preeminente en las filas de aquella emigración que, dispersando por entonces al partido moderado, reunió a una gran parte de sus miembros más distinguidos en París, alrededor de María Cristina[56]. Cortesano de una reina proscrita, de una madre violentamente despojada de la tutela de sus hijas y de la Regencia del Reino, ligado por gratitud con la augusta señora, quien lo había acogido pese a su juventud y se había confiado a él, Donoso hizo entonces esfuerzos que parecerán verdaderamente heroicos a los que saben qué grande era su indecisión cuando se trataba de actuar. A finales de la primavera de 1841 vino a Madrid para defender los derechos de la reina madre en la prensa y ante el propio gobierno nacido del *pronunciamiento* de 1840. En efecto, tras haber informado sobre su misión al duque de la Victoria[57], tan valerosa como lealmente, publicó en *El Correo Nacional* su artículo «Sobre la incompetencia del Gobierno y de las Cortes para examinar y juzgar la conducta de Su Majestad la Reina Madre Doña María Cristina de Borbón en su calidad de tutora y curadora de sus augustas hijas»[58]. Pero la agitación que produjo este escrito bastó para despertar los recelos del Gobierno y eso puso fin a la

---

[56] María Cristina de Borbón-Dos Sicilias (1806-1878), regente del reino de España en nombre de su hija Isabel II entre septiembre de 1833 y octubre de 1840.

[57] Se refiere a Joaquín Baldomero Fernández-Espartero Álvarez de Toro (1793-1879), desde 1839 duque de la Victoria.

[58] Cf. *Obras completas*, I, pp. 795-821.

magnanimidad que había prometido mostrar en presencia de los medios legítimos que se empleasen para hacer justicia. Donoso tuvo entonces que abandonar la misión y, días antes de los sangrientos sucesos del 7 de octubre de aquel mismo año, regresó precipitadamente a París, donde lo aguardaban nuevas y más señaladas muestras de la confianza de la reina.

Se propuso entonces referir como historiador los sucesos cuyos detalles y resortes conocía tan bien. Quería, en una *Historia de la regencia de doña María Cristina*[59], trazar un cuadro completo de este periodo agitado e instructivo de la revolución española. Pero las circunstancias le exigían que actuase y no escribió más que fragmentos. Estos fragmentos no se han publicado y los hechos y los juicios que contienen no han pasado en realidad al dominio de la verdadera historia. Ordenados y sellados bajo seguro depósito quedarán en reserva para tiempos más oportunos.

Hemos llegado a los escritos que conforman esta recopilación; el lector completará por sí mismo el análisis de las obras de Donoso Cortés. A partir de su primera estancia en París, todo lo que escribe es católico. Sólo falta ese calor, esa luz, ese entusiasmo que la fe práctica del corazón comunica al espíritu.

La oportunidad que tuvo de ocuparse de Francia, al dirigir sus brillantes cartas al *Heraldo*[60], permitirá al

---

[59] *Historia de la regencia de María Cristina,* texto inacabado, de 1843, recogido en *Obras completas*, I, pp. 933-1031.
[60] En las *Obras completas* se encuentran recogidas doce cartas de París al *Heraldo*, con fechas entre el 24 de julio y el 20 de octubre de 1842.

lector francés apreciar la finura y la penetrante sagacidad de su espíritu político y literario. Nada hay que cambiar en las opiniones expresadas sobre varios de nuestros escritores y hombres de Estado más célebres ni en el juicio que emite sobre nuestros asuntos. Veamos, por ejemplo, este bosquejo de la Francia de 1842:

> En Francia no hay una verdadera nación [...], no hay un verdadero gobierno y [...] dentro de la nación y dentro del gobierno no hay verdaderos partidos, y, finalmente, como consecuencia necesaria de todos estos hechos, las instituciones están en completa y rápida declinación; [...] nada se afirma y [...] todo se disuelve. La fe política se extingue en esta nación; su brazo no conmoverá las montañas. La Francia fue una nación en tiempo del Imperio. La Restauración se encontró en presencia de dos partidos poderosos. Hoy la revolución de julio sólo tiene delante de sí el polvo de la nación y el polvo de los partidos; y además de esto, [tiene] al señor Guizot[61], que quiere conservar lo que sabe que ha de perder; al señor Thiers[62], que aspira a alcanzar lo que no puede conseguir; y al señor Odilon Barrot[63], que no sabe lo que quiere. Ya iba a pasar en silencio al señor de Lamartine[64], especie

---

[61] François Guizot (1787-1874).
[62] Adolphe Thiers (1797-1877).
[63] Hyacinthe Camille Odilon Barrot (1791-1873).
[64] Alphonse de Lamartine (1790-1869).

de conservador radical y de poeta práctico, cuya naturaleza moral es el resultado de todas las antítesis. Un dicho de este insigne varón pasará a la posteridad más remota. En el discurso que acaba de pronunciar ante los electores con motivo de su candidatura, dejó escapar de sus labios esta notable sentencia: «¿Sabéis lo que es un diputado? Un diputado es un pueblo». Yo sabía o creía saber lo que era un diputado antes de que el señor de Lamartine diera a la luz este aforismo; ahora lo ignoro absolutamente; lo único que sé es que un *candidato* es una *vanidad*[65].

Al día siguiente, mientras está jugando con la misma gracia ingeniosa, una palabra cae sobre su pluma, un pensamiento se le aparece, las alas de la elocuencia y de la poesía se abren en toda su amplitud y, en una rápida improvisación, desarrolla y ensancha la tesis de Joseph de Maistre sobre la guerra.

La estancia en París le fue agradable y beneficiosa. En este bullir de todas las doctrinas y todos los espíritus vio también a los cristianos: uno de ellos, como escribió más tarde a Albéric de Blanche-Raffin[66], él mismo digno de mención, produjo en su alma una impresión profunda. La curiosidad de su inteligencia, o acaso una clemente

---

[65] Cf. *Obras completas*, I, p. 875.

[66] Se refiere a Albéric de Blanche, marqués de Raffin (1818-1854). La carta a Blanche-Raffin, fechada en Berlín, 21.07.1849, se puede leer en *Obras completas*, II, pp. 342-345.

dirección de la Providencia, lo condujo también hasta De Bonald y Joseph de Maistre[67]. Su hermoso escrito sobre la cuestión del Oriente es un comentario sobre dos ideas de Bonald, un comentario tan profético como la luz que lo ha inspirado.

La mayor parte de su tiempo la dedicó a España. Consejero de la reina madre, mantuvo correspondencia con los miembros influyentes del partido moderado, el cual, bajo su dirección, combatía y finalmente recuperaba el Gobierno de septiembre. En la primavera de 1843 los moderados retomaban el poder. Donoso tenía derecho a reclamar una parte de la victoria; recibió señales de estima y de respeto tanto del trono como del país. Elegido diputado por su provincia natal, su elocuencia decidió al Congreso a adelantar el plazo fijado por la ley del reino para la mayoría de edad de Isabel II. Isabel lo envió de inmediato a París como ministro plenipotenciario ante María Cristina, para preparar dignamente el regreso de esta princesa a España. Al volver de esta breve misión recibe la Gran Cruz de Isabel la Católica y la reina lo nombra su secretario particular.

En 1844 redacta y defiende en varios discursos el proyecto de reforma de la Constitución de 1837, que se lleva adelante en 1845. Ese mismo año es llamado el Consejo Real y, como no juzga que ese cargo sea compatible con el de secretario particular de la reina, se libera de estas

---

[67] Se refiere a Louis-Gabriel-Ambroise, vizconde de Bonald (1754-1840) y a Joseph-Marie, conde de Maistre (1753-1821).

funciones, que ejercía desde hacía dieciocho meses. La reina, demostrando que quería mantener un acceso fácil y frecuente a la persona de Donoso, lo nombra entonces gentilhombre de cámara en ejercicio. Reelegido diputado por quinta vez, pronunció un sabio discurso sobre los proyectados matrimonios de la reina y de su hermana, el tema más importante del que se ocupaban en ese momento los partidos políticos. Contribuyó con mucha eficacia a que se produjesen estos matrimonios, con ocasión de los cuales recibió del Gobierno francés las insignias de gran oficial de la Legión de Honor y de la reina el título de marqués de Valdegamas, vizconde del Valle.

Esta acumulación de títulos y de condecoraciones provocaba los incesantes, y a veces malintencionados, comentarios de sus amigos. Él sonreía, tan indiferente a las burlas como al asunto en sí.

Si usted fuera un rabioso demócrata, y para ganar voluntades, necesitara frecuentar encrucijadas y tabernas ¿qué traje usaría usted? ¿No le sería lo más conveniente ir con chaqueta al hombro, garrote en mano y calado el gorro frigio? Pues aplique usted el cuento, amigo mío: todo lo que mis ideas tienen que hacer en el mundo se hace principalmente en los palacios: ¿qué traje quiere usted que me ponga, sino el que usan los palaciegos?

En la época en que más se había dejado dominar por la vanidad, Donoso nunca tuvo la de los blasones y los títulos. Su sencillez, que contrastaba de un modo tan hermoso y conmovedor con la elevación de su inteligencia y la majestad de su lenguaje, no se correspondía con esta vida de cortesano a la que lo condenaba su obligada intervención en los asuntos públicos.

III

H EMOS llegado al último acto de esta hermosa lucha de un gran espíritu consigo mismo, al momento del triunfo. Este se vio precedido por un periodo de silencio que al mismo tiempo fue una época de actividad intelectual sorprendente y suprema. De 1843 a 1847, si se exceptúan algunos discursos políticos, no escribió nada que merezca la pena mencionar. Pero en esa época llegó el momento de Dios. Vio morir a su hermano[68], a quien amaba hasta recriminarse haber querido tanto a una criatura humana, y su corazón se volvió cristiano del mismo modo que su espíritu lo era desde hacía tiempo.

Empujado a hacer fructificar el don de Dios, y dado que sentía que la recompensa llegaría sin tardar, se entregó a la tarea con una energía que supera todo lo que hemos visto sobre él hasta el momento. Rehízo por entero sus estudios de filosofía y de historia, entresacó numerosos

---

[68] Pedro Donoso Cortés y Fernández Canedo, nacido en Don Benito el 31 de enero de 1811, falleció en Madrid el 31 de mayo de 1847.

pasajes de sus lecturas, escribió en los periódicos, redactó informes como consejero real, tomó parte en la gestión de los asuntos públicos, pronunció discursos en el Congreso, se prodigó con una numerosa clientela y con sus amigos; y, en medio de este trabajo sin descanso, siguiendo los consejos del apóstol se entregó a Dios, a la oración y a las obras de caridad.

La confianza de la reina añadió una carga más a estas múltiples ocupaciones: en calidad de profesor escribió para esta augusta alumna algunos *Estudios sobre la historia*[69], dignos de especialísima atención por ser la primicia de sus estudios teológicos y la única producción en que directamente se haya propuesto escribir filosofía de la historia. En las nociones preliminares traza un plan de historia universal, no muy distinto del que siguió Bossuet salvo porque la primera sección de su división cronológica, que comprende los principales sucesos de los tiempos primitivos, sin alejarse del todo de su propósito histórico, corresponde más bien a un tratado especial de teología, como son las partes que versan sobre el acto creador de la omnipotencia divina, sobre la institución de la familia, sobre el pecado y el mal, la causa y la pena de la culpa cometida por nuestros primeros padres, sobre el libre albedrío y sobre la gracia antes y después del pecado.

Que no se tache a Donoso Cortés de temerario al verlo abordar tales temas. Él hablaba con modestia, o más bien

---

[69] *Estudios sobre la historia*. Exposición a S.M. Isabel II, texto de 1847 ó 1848. Cf. *Obras completas*, II, pp. 226-277.

con humildad, de sus conocimientos sobre esta elevada materia, y decía que su ciencia no era siquiera la de un escolar. Mientras tanto se había puesto a estudiar a los Padres de la Iglesia, y los experimentados jueces que han examinado sus escritos y han hablado sobre ellos reconocen el rastro de estos grandes genios en las elevadas ideas que habían extraviado al supuesto teólogo francés cuya malsana crítica tuvo que sufrir Donoso más tarde.

Otros tres opúsculos, hallados más tarde entre sus papeles, parecen haber estado destinados a confirmar la introducción a una filosofía católica cuyo plan está indicado en las notas de Donoso de sus últimos días. Estos tres capítulos tratan de la sociedad y del lenguaje, del error fundamental de la teoría sobre la perfectibilidad y el progreso del hombre y de la caridad cristiana.

Puede adivinarse que los trabajos preparatorios necesarios para estos escritos le sugirieron a Donoso la idea de abarcarlos en un cuerpo de doctrina; y, evidentemente, en ellos se contienen los materiales que le sirvieron para escribir el *Ensayo sobre el catolicismo, el liberalismo y el socialismo*[70].

Entretanto había estallado la revolución de 1848. Extendida por toda Europa, multiplicó sus desmanes y llegó a amenazar a Roma, al ser perseguido el Santo Padre en su sede por una banda de asesinos. Donoso Cortés juzgó que había llegado el momento de declarar todas sus ideas

---

[70] *Ensayo sobre el catolicismo, el liberalismo y el socialismo*, publicado en Madrid y en París en 1851. Cf. *Obras completas*, II, pp. 499-702.

y hacerlo lo bastante alto como para que el mundo lo oye-
se. Pronunció su discurso del 4 de enero de 1849 y todos
sabemos cuál fue su efecto[71]. Ninguna palabra humana,
en aquella época de clamores universales, ha obtenido
tanta resonancia: la conciencia pública se vengó así de las
blasfemias del desgraciado a quien Donoso llamó en esta
memorable arenga «Proudhon, el último impío».

El gobierno español demostró gran inteligencia
cuando nombró al eminente orador Donoso Cortés
enviado extraordinario y ministro plenipotenciario de
España en Berlín, centro de la filosofía germánica, al
mismo tiempo que lugar donde podía trabajar para rea-
nudar las interrumpidas relaciones de España con Rusia.
Por lo que tiene Berlín de centro filosófico, allí halló
Donoso ocasión favorable para estudiar de cerca los es-
tragos del desenfreno intelectual de las modernas escuelas germánicas y escribió una serie de despachos que, si
bien la política no ha permitido hacer públicos, pueden
esperar y serán dignos de la posteridad. Fue también
durante esta legación cuando escribió sus dos *Cartas al
señor de Montalembert* y permitió que se publicaran en
L'Univers[72], periódico para el que tenía todas sus simpatías pese a no conocer a ninguno de sus redactores.
El eco que obtuvieron estas *Cartas* fue semejante al del

---

[71] Cf. *Obras completas*, II, pp. 305-323.

[72] Cartas de Donoso Cortés al conde de Montalembert, ambas fechadas en Berlín, en 1849 (26 de mayo y 4 de junio). Cf. *Obras completas*,
II, pp. 324-328 y 328-330. Están dirigidas a Charles Forbes René, conde de Montalembert (1810-1870).

discurso del 4 de enero[73], al que por otra parte igualan y cuyo mérito tal vez superan. Desde ese momento fue uno de los hombres cuya voz se escucha en el mundo.

Su misión en Prusia había terminado y pasó por París para regresar a Madrid. El estado moral de España lo afligía profundamente. «Lo comprenderás en una sola palabra –me escribió–, ¡ahora estoy en la oposición!» El 31 de enero de 1850 pronunció su discurso sobre la situación general de Europa[74], que provocó la caída del ministro Narváez[75] e hizo que estallaran contra el orador los odios que hasta entonces se habían inhibido. Se le perdonaba su genio porque su política, se decía, estaba en las nubes. Sin embargo, el día en que descendió a esta política práctica, tan orgullosa de hallarse por debajo de él, y se puso a remover el fango, todas las vanidades heridas y las bajezas desenmascaradas se reunieron para colmarlo de injurias, eligiendo el preciso instante en que daba la mayor muestra de su inmenso amor por la verdad y su entrega sin límites a la causa del bien eterno. Las calumnias descaradas, las reticencias malignas, las burlas, todo se abatió sobre su persona cuando apareció el *Ensayo sobre el catolicismo*.

Cuando recuerdo que Donoso escribió su *Ensayo* a instancias de los que como yo le rogaban que lo hiciese, para producir una obra de utilidad católica, no quisiera olvidar que este servicio ofrecido a la causa de la religión

---

[73] Discurso del 04.01.1849. Cf. *Obras completas*, II, pp. 305-323.

[74] *Discurso sobre la situación general de Europa*, del 30 de enero de 1850. Cf. *Obras completas*, II, pp. 450-466.

[75] Ramón María Narváez y Campos (1799-1868).

se convirtió para él, incluso en Francia, en la causa de la tristeza más amarga y seguramente la más inesperada.

Estaba en París, revestido de la dignidad de ministro plenipotenciario. Como ya he dicho, el respeto y la admiración públicos le concedían una posición más elevada aún de lo que suponía su rango oficial. Con una generosidad de ánimo comparable únicamente a la grandeza de su espíritu, no sólo no tenía miedo a declararse ante el mundo apóstol de la verdad sino que se aplicaba a la tarea hasta el punto de escribir en la prensa para defender sus convicciones. Era probablemente el primer embajador que daba semejante ejemplo; y sin duda será en mucho tiempo el único. Se había convertido, para gran beneficio de la religión, en uno de los hombres mejor considerados de la sociedad francesa. Fue en este contexto cuando una especie de panfleto, publicado por un periódico religioso, vino a atacarlo contra toda conveniencia e incluso contra toda justicia. Un gran vicario del obispo de Orléans[76], según dicen eclesiástico especialmente estimable pero completamente desconocido hasta entonces y que no había dado ni al público ni a nadie muestra alguna de su valía, se inflamó de pronto de un celo amargo contra los laicos que escriben en defensa de la religión[77]. En su opinión,

---

[76] Se refiere al sacerdote Jean Pierre Laurent Gaduel (1811-1888). El obispo de Orléans era entonces Félix Dupanloup (1802-1878).

[77] De la polémica con el Padre Gaduel se recogen en las *Obras completas* (vol. II, pp. 971-979) los siguientes textos de Donoso Cortés: carta al director de *L'Univers* (28.01.1853), dos cartas a Gaduel (fechadas en París, el 1 y el 3 de febrero de 1853) y la carta al papa Pío IX.

estos laicos hacían a la Iglesia un mal incalculable debido a la presunción ignorante de sus apologías, llenas de malentendidos y errores; por ejemplo, Donoso Cortés y su *Ensayo sobre el catolicismo*. Era el pretexto y el comienzo de una larga crítica, con la que se pretendía demostrar que el *Ensayo* contenía un compendio de todas las herejías que han afligido a la Iglesia.

Donoso Cortés, profundamente herido, no por la crítica, a la que no podía conceder crédito alguno, sino por el procedimiento, mantuvo en estas penosas circunstancias un comportamiento tan digno como descortés y precipitada fue la conducta de su adversario.

En particular, se quejaba de esta agresión pública contra un escritor de cuyas intenciones no cabía sospechar y a quien debía tratarse con el respeto que merecía su carácter de cargo público. Afirmaba, y con razón, que antes de atacarlo su adversario debería haberlo prevenido y alertado para que él mismo pudiera retractarse de los errores que hubiese podido cometer, aunque fuese contra su intención, pues antes de publicar su libro lo había dado a leer a otros para que lo examinasen. Añadía que en todo caso el crítico debería haberse abstenido de lanzar algunos insultos, doblemente fuera de lugar dado que procedían de un sacerdote y se dirigían a un embajador. Sometió públicamente su libro, sus opiniones y su persona al juicio de Roma y esperó. El libro y la crítica fueron examinados y los jueces dictaminaron de qué lado estaban la presunción y la ignorancia. Aquel que se había tomado a sí mismo, demasiado a la ligera, por paladín de la ortodoxia ni siquiera supo honrar sus derrota confesándola. El acusado no conoció la victoria. Cuando el homenaje rendido a su fe y a su genio por los examinadores llegó a París ya se celebraban sus funerales.

Este incidente le fue verdaderamente doloroso. Afligió sus últimos días a causa de los sentimientos mezquinos de sus enemigos. En el fondo no se le escapaba que no se habían atacado tanto su libro como sus simpatías y sus amistades. Y ¿con qué propósito? Hoy no cuesta mucho percatarse de estos raptos de la pasión, de tan miserable como es su objeto. Sin embargo, esa pasión ha permanecido incluso hasta su muerte, y el periódico que se había erigido en su portavoz, al publicar el ataque contra Donoso Cortés, no ha hecho público el juicio que lo refutaba. Un silencio inicuo que me impide a mí callar. Hay que hacer que se sonrojen los que no se enmiendan.

Pocas críticas habían precedido a estas de las que hablo, y siempre habían tenido lugar dentro de los límites de la cortesía. Antes de consignarlas, ofrezcamos un breve resumen de las ideas de Donoso Cortés sobre la situación y sobre el futuro del mundo.

IV

ONOSO CORTÉS veía el mundo dividido en dos civilizaciones: la del catolicismo y la de la filosofía, y entre ellas había un abismo. La civilización católica contiene el bien sin mezcla de mal, la civilización filosófica contiene el mal sin mezcla de bien. Ambas se repelen radicalmente, ambas se combaten sin fin. Entre ellas no hay acuerdo posible. ¿Cuál ha de prevalecer sobre la otra? Él respondía: naturalmente, y a menos que se dé una intervención divina, lo hará la civilización filosófica, que reducirá a los hombres a la esclavitud.

Donoso obtenía su demostración de la veloz marcha de los acontecimientos y del carácter pernicioso de las revoluciones contemporáneas, que se hacen siempre en nombre de la civilización filosófica y de la libertad, pero que siempre deben lógicamente desembocar en la disminución, la supresión, la negación suprema y definitiva de toda libertad. En su discurso del 4 de enero[78] pregunta a

---

[78] Discurso del 04.01.1849. Cf. *Obras completas*, II, pp. 305-323.

los progresistas españoles, grandes oráculos de la libertad, si acaso ignoran que esta ya no existe:

> ¿No habéis asistido, como he asistido yo, con los ojos de mi espíritu, a su dolorosa pasión? ¡Pues qué, señores! ¿No la habéis visto vejada, escarnecida, herida alevosamente por todos los demagogos del mundo? ¿No la habéis visto llevar su angustia por las montañas de la Suiza, por las orillas del Sena, por las riberas del Rhin y del Danubio, por las márgenes del Tíber? ¿No la habéis visto subir al Quirinal, que ha sido su Calvario? [...]
>
> ¡La libertad acabó! No resucitará, señores, ni al tercer día, ni al tercer año, ni al tercer siglo quizá. ¿Os asusta, señores, la tiranía que sufrimos? De poco os asustáis: veréis cosas mayores.
>
> [...] El mundo, señores, camina con pasos rapidísimos a la constitución de un despotismo, el más gigantesco y asolador de que hay memoria en los hombres[79].

A continuación Donoso desarrolló esa hermosa y persuasiva metáfora de los dos frenos, que permanece en el recuerdo de todos: no hay más que dos posibles represiones sobre el hombre, una interior y la otra exterior; una religiosa, otra política. Y son de tal naturaleza que cuando el termómetro religioso sube el termómetro

---

[79] *Obras completas*, II, pp. 315-316.

de la política baja, y cuando el termómetro religioso baja el termómetro político, la represión política, la tiranía, sube. Es una ley de la humanidad. Mirad el mundo antes de la Cruz: la sociedad no estaba compuesta más que por tiranos y esclavos, era el reino de la represión política. La libertad, la verdadera libertad, la libertad de todos y para todos, no ha llegado al mundo más que con el Salvador del mundo. Jesús funda con sus discípulos la única sociedad que ha existido sin Gobierno. Entre Jesús y sus discípulos no había más gobierno que el amor del Maestro a los discípulos y el amor de los discípulos al Maestro. Es decir, que cuando el autodominio era completo la libertad era absoluta. Pero llegan los tiempos apostólicos y comienza a desarrollarse un germen de herejía, y a este principio de descenso en el termómetro religioso corresponde un principio de subida en el termómetro político. No hay todavía gobierno, no es necesario el gobierno, pero es necesario ya un germen de gobierno. En la sociedad cristiana entonces no había de hecho verdaderos magistrados, sino jueces árbitros y amigables componedores, que son el embrión del gobierno. Con la corrupción va creciendo el gobierno. Llegan los tiempos feudales y la religión se encuentra todavía en su apogeo, pero hasta cierto punto viciada por las pasiones humanas. Se hace necesario un gobierno real y efectivo, aunque el más débil de todos; y así se establece la monarquía feudal, la más débil de todas las monarquías. Llega el siglo XVI y la gran ruptura luterana, ese gran escándalo tanto político y social como religioso, ese acto de emancipación intelectual y moral de los pueblos, coincide con la institución de la monarquía absoluta. Y eso no basta: era necesario que el termómetro de la represión política subiera más porque el termómetro religioso seguía bajando, y así encontramos los ejércitos permanentes. La represión religiosa baja, mientras que la represión política sube al absolutismo y va más allá. No bastaba a los gobiernos ser absolutos; pidieron y obtuvieron el privilegio de ser absolutos y tener un millón de brazos. ¿Es eso todo? No, porque él termómetro político subió aún más y el termómetro religioso seguía bajando. ¿Qué nueva institución, señores, se creó entonces? Los gobiernos dijeron: «Tenemos un millón de brazos y no nos bastan; necesitamos más; necesitamos un millón de ojos.» Y tuvieron la policía, y con la policía un millón de ojos. Pero el ejército y la policía no bastan para mantener el orden y la seguridad en esta sociedad donde falta cada vez más la represión interior. Se forma entonces un nuevo monstruo, que oirá todo y pondrá la mano en todas partes: la centralización administrativa. Tenemos todo eso y, como el termómetro religioso sigue bajando, sigue sin ser suficiente, y así la naturaleza entrega al genio consumido por el Gobierno algunos de sus secretos, para acrecentar el despotismo que requieren las sociedades. Con la máquina de vapor y el telégrafo, se le concede al Gobierno la facultad de estar en todas partes al mismo tiempo. Esa era la situación en Europa cuando un estruendo universal de catástrofes y de revoluciones vino a anunciar ¡que ya no había bastante despotismo en el mundo porque el termómetro religioso estaba en el cero!

Pues bien, una de dos: o la reacción religiosa viene o no; si hay reacción religiosa, ya verán, señores, cómo, subiendo el termómetro religioso, comienza a bajar natural, espontáneamente, sin esfuerzo ninguno de los pueblos, ni de los gobiernos, ni de los hombres, el termómetro político, hasta señalar el día templado de la libertad de los pueblos. Pero si, por el contrario, [...] el termómetro religioso continúa bajando, no sé adónde hemos de ir a parar. Yo, señores, no lo sé y tiemblo cuando lo pienso. [...] Si cuando la represión religiosa estaba en su apogeo no era necesario gobierno ninguno, cuando la represión religiosa no exista no habrá bastante con ningún género de gobierno; todos los despotismos serán pocos.

[...] En el mundo antiguo la tiranía fue feroz y asoladora, y, sin embargo, esa tiranía estaba limitada físicamente, porque todos los Estados eran pequeños y porque las relaciones internacionales eran imposibles de todo punto; por consiguiente, en la antigüedad no pudo haber tiranías en grande escala, sino una sola: la de Roma. Pero ahora, señores, ¡cuán mudadas están las cosas! Señores: las vías están preparadas para un tirano gigantesco, colosal, universal, inmenso; todo está preparado para ello. [...] Ya no hay resistencias, ni físicas ni morales; no hay resistencias físicas, porque con los barcos de vapor y los caminos de hierro no hay fronteras, [...] con el telégrafo eléctrico no hay distancias; y no hay resistencias morales porque todos los ánimos están divididos y todos los patriotismos están muertos[80].

Donoso Cortés creía posible esta reacción religiosa, única salvación de la soledad, pero sentía la tristeza de juzgarla improbable. Pensaba que el mal había llegado demasiado hondo. Desde Berlín, escribía así el 4 de junio de 1849 a Montalembert:

> La sociedad [...] dando por fenecido el imperio de la fe y proclamando la independencia de la razón y de la voluntad del hombre, ha convertido el mal, que era relativo, excepcional y contingente, en absoluto, universal y necesario. Este período de rápido retroceso comenzó en Europa con la restauración del paganismo literario, la cual produjo, unas después de otras, las restauraciones del paganismo filosófico, del paganismo religioso y del paganismo político. Hoy el mundo está en vísperas de la última de estas restauraciones: la restauración del paganismo socialista[81].

Un mes más tarde, el 10 de julio, respondía en estos términos a las críticas de algunos liberales españoles:

---

[80] *Obras completas*, II, p. 319.
[81] *Obras completas*, II, p. 329.

Sí; la sociedad europea se muere; sus extremidades están frías; su corazón lo estará dentro de poco. ¿Y sabéis por qué se muere? Se muere porque está envenenada. Se muere porque la sociedad había sido hecha por Dios para alimentarse de la sustancia católica, y médicos empíricos la han dado por alimento la sustancia racionalista. Se muere porque así como el hombre no vive sólo de pan, sino de toda palabra que sale de la boca de Dios, así también las sociedades no mueren solamente por el hierro sino por toda palabra anticatólica, salida de la boca de los filósofos. Se muere porque el error mata, y esta sociedad está fundada en errores. Sabed que todo lo que tenéis por inconcuso es falso. La fuerza vital de la verdad es tan grande, que, si estuvierais en posesión de una verdad, de una sola, esa verdad podría salvaros. Pero vuestra caída es tan honda, vuestra decadencia tan radical, vuestra ceguera tan completa, vuestra desnudez tan absoluta, vuestro infortunio tan sin ejemplo, que esa sola verdad no la tenéis. Por eso, la catástrofe que ha de venir será la catástrofe por excelencia de la historia. Los individuos pueden salvarse todavía, porque pueden salvarse siempre; pero la sociedad está perdida. Y esto, no porque tenga una imposibilidad radical de salvarse, sino porque para mí está visto que no quiere salvarse. No hay salvación para la sociedad, porque no queremos hacer cristianos a nuestros hijos y porque nosotros no somos verdaderos cristianos. No hay salvación para la sociedad, porque el espíritu católico, único espíritu de vida, no lo vivifica todo: la enseñanza, los gobiernos, las instituciones, las leyes y las costumbres. Torcer el curso de las cosas, en el estado que hoy tienen, no se me oculta que sería una empresa de gigantes. No hay poder en la tierra que por sí solo pueda llevarla a cabo, y apenas podría ser llevada a término dichoso si obraran con concierto todos juntos. Yo dejo al cuidado de ustedes averiguar si este concierto es posible, y hasta qué punto lo es, y decidir si, aun en el caso de que sea posible, la salvación de la sociedad no sería de todos modos un verdadero milagro[82].

El mundo está lleno de espíritus medianeros a los que desagrada cualquier convicción vigorosa y a los que sorprende e impacienta toda afirmación neta y tajante. Hay temperamentos así entre los católicos, y en mayor número de lo que sería razonable hallarlos; son una de las señales indignantes de estos tiempos en los que la verdad ha perdido fuerza entre los hombres. Como el camino de salvación que Donoso Cortés mostraba a la sociedad les parecía tan difícil como a él mismo, y quizá más radicalmente impracticable de lo que él decía, no tardaron en reprocharle sus «exageraciones». Comenzaron desde el momento en que el partido del orden hubo aclarado

---

[82] Cf. *Obras completas*, II, pp. 340-341. Se trata de una carta a los «Señores redactores de *El País* y del *Heraldo*», fechada en Berlín, 16.07.1849.

un poco la atmósfera política. O tal vez esperaban que la sociedad se salvase por la mera fuerza y la sabiduría de los gobiernos, sin dejarse penetrar por este espíritu católico contra el cual tanta gente de bien sentía renacer su rechazo; o quizá creyeron en la posibilidad de reintroducir el catolicismo en secreto, a través de medidas suaves que no despertarían a nadie cuya existencia se viese importunado por ellas, y por eso supusieron que la voz demasiado resonante de Donoso Cortés estorbaría tan brillante operación. Quizá también algunos cedieron a esa tentación que nos lleva a comparecer ante nuestro pequeño tribunal para hacer la parte de elogio y de vituperio de las personas que al pasar delante de nosotros nos cubren en exceso con su sombra. En España los liberales lo acusaron de errores maniqueos. En Francia, algunos católicos hallaron una visión fatalista en su modo de afrontar el futuro.

El ilustre escritor no dejó de defenderse. No tenía por fatalista creer que la sociedad, al haberse extraviado por alejarse de Dios, se reencontraría sólo si regresaba a Dios. En su opinión, es cierto, esa sociedad se había alejado tanto y se había perdido de modo tan terrible que dudaba que pudiese llegar a reencontrar su camino, aunque lo intentase. Pero Donoso no comprometía su palabra contra la misericordia divina y su vida testimoniaba de sobra que no predicaba una resignación inactiva. Creía que Francia, bajo el doble impulso del espíritu católico y de la fuerza monárquica, podía convertirse en instrumento para un cambio inmenso.

Sin embargo, no dejaba de decir que el mundo no tenía muchas razones para conservar la esperanza. Sus alarmas no parecerán carentes de fundamento a quienes lean sus dos últimos escritos: la carta dirigida desde París el 19 de junio al cardenal Fornari[83], desde entonces nuncio apostólico en Francia, donde Donoso Cortés lo había conocido y apreciado, sobre «el principio generador de los más graves errores de nuestros días», y la que siguió poco después, al director de la *Revue de Deux Mondes*[84], sobre la Edad Media y el parlamentarismo.

Estos dos escritos, que se complementan el uno al otro, son sin duda lo más poderoso y lo más hermoso que Donoso ha hecho. Los redactó en el momento de su muerte, como si un instinto lo llevase a resumir su pensamiento y dar al mundo una última advertencia. Es ahí donde lo vemos realmente tal y como era, en posesión de todo su genio fortalecido por el estudio, iluminado por la experiencia, inspirado por la verdad. Nadie en nuestros días ha arrojado una mirada tan profunda sobre el mal de la sociedad ni ha demostrado tan claramente su fuente ni medido su profundidad. Al meditar en estas páginas breves pero sustanciosas e iluminadoras, uno está tentado de creer que el autor ha muerto demasiado pronto y que

---

[83] Carta al cardenal Fornari, de 19 de junio de 1852. Cf. *Obras completas*, II, pp. 744-762. El diplomático Raffaele Fornari (1787-1854) fue nuncio en Bélgica en 1842 y en Francia entre 1842 y 1851; fue creado cardenal por el papa Pío IX (*in pectore* en el consistorio del 21 de diciembre de 1846 y públicamente el 30 de septiembre de 1850). Desde 1851 fue prefecto de la Congregación para la Educación Católica (Congregatio de Studiorum Institutis).
[84] Carta al director de la *Revue des Deux Mondes*, fechada en París, 15.11.1852, pero no enviada. Cf. *Obras completas*, II, pp. 762-781.

en efecto, como él mismo lo anunciaba, no tiene más que decir. Los hombres que quieren ignorar los inmensos peligros de la civilización y –casi siempre son los mismos– los que proponen como remedio las instituciones parlamentarias, que llaman «instituciones libres», harán bien en no escucharlo; sus ilusiones no lo resistirían.

Un crítico de Donoso Cortés, por otra parte lleno de respeto por su persona y de simpatía por su talento, ha escrito que bastaría para salvar el mundo «con los medios ordinarios de la Providencia: grandes papas, grandes príncipes, grandes reyes».

Estos medios ordinarios de la Providencia no son los medios ordinarios de la humanidad. Donoso Cortés no pretendía que fuesen necesarios medios más poderosos. Cuando decía que el mal triunfa de forma natural sobre el bien y sólo es derrotado mediante una acción directa, personal y soberana de Dios no quería decir que Dios tenga que combatir de algún modo personalmente. Dios envía a sus santos, repletos de su espíritu, perseverantes hasta la muerte, investidos si hace falta del don de hacer milagros, y eso basta, como la historia demuestra una y otra vez.

No lo olvidemos, sin embargo: eso basta para sostener la lucha, basta para obtener después de largos y sangrientos combates una de esas treguas durante las cuales la Iglesia descansa al abrigo de algún calvario formado por las osamentas de los mártires, pero la victoria definitiva no está reservada a los esfuerzos de los cristianos. En la batalla que precederá al último día la verdad no triunfará más que por medio de la intervención directa, personal y soberana de Jesucristo; el Hijo de Dios vendrá y vencerá Él solo.

El momento de ese desenlace lo guarda Dios en secreto. Donoso Cortés creía únicamente que por medio de las alternativas de éxito y de fracaso el mal, aunque pudiese ser vencido muchas veces más, acrecentaría su ejército, y que el bien, aunque pudiera resultar vencedor muchas más veces, sentiría progresivamente cómo se debilitaba su savia, su ardor, su fuerza, y por tanto tendría cada vez más necesidad de esa asistencia sobrehumana que no es aún, si hablamos con rigor, la intervención directa de Dios, pero que ya no es tampoco la obra del hombre. ¿Qué importa que no sea visible el brazo de Dios si vemos su sombra?

¿Cuáles son exactamente las fuerzas respectivas del mal y del bien? ¡Otro problema, otro secreto! Si se sopesan en la balanza de la simple razón, el mal predomina. Su ejército es inmenso; el primer grito de guerra, el primerísimo, multiplicaría su número y su audacia. ¡Mirad por cuántos flancos es vulnerable la sociedad, qué murallas desmanteladas y veinte veces superadas ha interpuesto ante sus destructores, y cómo todo eso no es en realidad más que polvo! Sin duda movido por las oraciones, más poderosas que las iniquidades humanas, Dios puede cambiarlo todo. En esa balanza entre el mal y el bien, el simple peso de un santo hará que baje el platillo que subía. Eso será un milagro y el mundo los necesita. ¿Lo hará Dios? Sí, si los destinos de la humanidad no se cumplen.

Pero ni siquiera un milagro nos salvará sin catástrofes. A esos grandes santos los llamamos «grandes» porque poseen algo más que la santidad, porque son de algún modo la cotidiana sal de la tierra y lo que impide que se corrompa hasta el punto de excitar el horror y la abominación del Cielo. Vienen con una misión expresa: para reparar los inmensos desórdenes con inmensos trabajos. Hoy, cuando el desorden carece más o menos de límites y la sociedad se ha constituido sobre la negación de Dios, ¿cuál deberá ser la tarea? Retirar las ruinas es un trabajo que crea ruinas. Los santos no tienen por costumbre presentarse sólo como conciliadores. Predican la penitencia y la ejercitan. Son generales de un ejército. Sea porque tienen la misión de librar al pueblo de Dios asediado y agobiado por los enemigos, sea porque lo llevan a crecer y a conquistar, suelen conmocionar el mundo.

Hay una barbarie y una idolatría nuevas sobre la tierra, nuevas al menos desde la regeneración del género humano por la sangre de Jesucristo. La barbarie ingeniosa ha creado medios de opresión inauditos; la idolatría de los placeres materiales debilita el reducido número de los que los disfrutan tanto como insulta a quienes no pueden disfrutarlos. Una incredulidad más que salvaje, no sólo en lo referente a los dogmas religiosos sino a las prescripciones de la simple moral, se esconde bajo el barniz de las convenciones sociales y de las convenciones políticas; la policía, incrédula ella misma, es el único cimiento del edificio. Todo se sacrifica a la fortuna material y la ambición se degrada hasta no contar con otra motivación que el bienestar. En nuestras últimas revoluciones apenas se han visto héroes ni mártires más que en favor de las doctrinas que horrorizan. Un cínico desprecio de la opinión y de uno mismo, como desenlace del mal, ese es el rasgo más destacado de la civilización. Incluso los que quisieran salvar a la sociedad abandonan por completo a Dios. Pero ¿y si Dios no quiere hacerlo todo?

¡Buscad en el mundo dónde se halla el ejército del santo que salvará al mundo! Dios, sin duda, reunirá el ejército cuando haya creado al santo. Hoy no hay más que dos ejércitos doctrinales sobre la tierra, dos ejércitos destinados a confundirse: el del socialismo y el del despotismo.

He subrayado que ya en sus primeros escritos políticos Donoso Cortés entrevió que Rusia suponía una amenaza para la civilización filosófica, de la cual es producto y de la que será el castigo.

Lejos de temer a Rusia, muchos han depositado sus esperanzas en ella. No han estudiado su política desde una óptica católica y no se dan cuenta de que han obrado así. El gobierno ruso puede compartir el error que ve en él al vencedor del socialismo, ese error no cambia nada en la naturaleza de las cosas. Entre el despotismo moscovita y el socialismo europeo existe una afinidad profunda. Por separado, se trata de lo mismo en uno y otro caso, y un día llegará en que ambos no tengan más que una y la misma acción.

Cuando, por un lado, el socialismo haya destruido todo lo que naturalmente ha de destruir, es decir, los ejércitos permanentes por medio de una guerra civil, la propiedad por medio de confiscaciones, la familia por medio de las costumbres y las leyes; y cuando, del otro lado, el despotismo moscovita haya crecido y se haya fortalecido como ha de crecer y fortalecerse naturalmente, entonces el despotismo absorberá al socialismo y el socialismo se encarnará en el zar: esas dos espantosas creaciones del genio del mal se completarán la una a la otra. Después de haber proporcionado al zar sus aliados más útiles, el socialismo, que no tiene ni Dios ni patria, le suministrará sus instrumentos más inmisericordes. Sabemos ya lo que pueden hacer el uno sin el otro, lo vemos en Suiza y en Polonia: ambos han declarado la guerra a la Iglesia de Jesucristo. Amos del mundo, lo aplastarán con una cadena que las almas arrastrarán lo mismo que los cuerpos y nada semejante se verá sobre la tierra. Los socialistas ayudarán al zar a acorralar a la conciencia, que es la libertad, en su último refugio. Delatarán cualquiera de sus pensamientos lo bastante excelso como para adorarlo; y él les entregará a sus pies esa igualdad de la degradación, que es el sueño y el suplicio de su envidia.

Así será castigado el orgullo de la civilización filosófica; así gemirán, bajo el yugo del hombre, estos titanes de la ciencia y de la razón humanas que han arrostrado la empresa de sacudirse el yugo de Dios. Sabrán lo que han perdido cuando, al ver que se persigue a la Iglesia, digan: «¿Qué importa? Nos molestaba, dejémosla perecer. Ella nos ha dado la libertad y la ciencia, pero nosotros somos grandes y fuertes y podemos caminar perfectamente sin su ayuda».

Sabrán entonces que, mediante esta decisión ingrata y cobarde, habrán desmantelado la fortaleza de la civilización, extendido por todas partes el veneno de las guerras civiles, secado en cada pueblo particular la fuente del patriotismo nacional y preparado en toda Europa la extinción del patriotismo cristiano.

En la Edad Media los príncipes de Europa, bajo la inspiración de los santos, llevaban las fronteras del cristianismo más allá de los mares, al terreno del enemigo. Nuestro siglo verá tal vez, y sin la sorpresa de los príncipes que se hacen llamar cristianos, cómo se conducen al corazón de Europa ejércitos de infieles que vendrán a establecer el despotismo anticristiano. Contarán con ese espectáculo esos sabios y esos políticos que, aún hoy, entregarían de buena gana a Roma a los bandos socialistas. Pero entonces conocerán por fin la verdad.

Sabrán así que al abandonar la fe en Dios se han envilecido a sí mismos hasta convertirse en el apoyo de la tiranía, o al menos hasta sufrirla innoblemente. Los mejores, arrojando una mirada humillada sobre la gloria de los últimos mártires, temblarán porque algún confidente de la policía a orillas del Neva no les acuse de admirar en secreto a los que aún permanezcan fieles a Dios y a la patria.

Ese será el despotismo sin igual que preveía Donoso Cortés: sin igual, porque se ejercerá sobre una sociedad caída desde las alturas del Evangelio y ninguna civilización ha permitido al orgullo humano precipitarse desde una cima tan gloriosa; sin igual también porque de un lado el ablandamiento universal de los ánimos y del otro los desarrollos inexorables de los medios materiales de gobierno concurrirán para volver imposible toda resistencia general. A duras penas algunas cabezas aisladas reaccionarán y probablemente se harán matar. ¡No tardarán mucho! Entre la mano del déspota y el corazón de la víctima estará en vano la inmensidad del poder: la cólera del amo podrá matar como un rayo, la electricidad transmitirá las sentencias y el verdugo responderá ese mismo día que ya han sido ejecutadas. Y ¿qué hace falta para que Europa llegue a esto?

Se necesita: primero, que la revolución, después de haber disuelto la sociedad, disuelva a los ejércitos permanentes; segundo, que el socialismo, despojando a los propietarios, extinga el patriotismo; porque un propietario despojado no es patriota, no puede serlo; cuando la cuestión viene planteada de esa manera suprema y congojosa, no hay patriotismo en el hombre; tercero, el acabamiento de la empresa de la confederación poderosa de todos los pueblos esclavones bajo la influencia y el protectorado de la Rusia. Las naciones esclavonas cuentan, señores, 80 millones de habitantes. Ahora bien: cuando en la Europa no haya ejércitos permanentes, habiendo sido disueltos por la revolución; cuando en la Europa no haya patriotismo, habiéndose extinguido por las revoluciones socialistas; cuando en el oriente de Europa se haya verificado la gran confederación de los pueblos esclavones; cuando en el Occidente no haya más que dos grandes ejércitos, el ejército de los despojados y el ejército de los despojadores, entonces, señores, sonará en el reloj de los tiempos la hora de la Rusia[85].

---

[85] Nota en la edición original, a pie de página: «Discurso sobre la situación general de Europa». Cf. *Obras completas*, II, pp. 461-462. Naturalmente, Louis Veuillot no conocía los despachos diplomáticos

Sin duda no son más que conjeturas, pero estas conjeturas no tienen nada de contrario a la razón, nada de contrario a las lecciones de la historia. El coloso que atemoriza al hombre de Estado puede ser destruido en una hora con el aliento de Dios; las profundas llagas que afligen a Europa pueden, si Dios lo quiere, cicatrizar muy pronto. Dios ha hecho que las naciones de la tierra se puedan curar. Y sabemos cómo pueden hacerlo: el ejemplo de Nínive permite a los culpables conservar la esperanza. Incluso cuando se ha producido la rendición, incluso cuando se ha firmado, Dios enviará, para curarnos, a grandes papas, a grandes príncipes, a grandes santos... ¡Conjeturas también! Conjeturas más consoladoras, pero conjeturas no obstante.

Lo más seguro es no obviar las advertencias de los hombres de fe a quienes Dios ha dado el genio y empezar por nosotros mismos –siguiendo su ejemplo, como Donoso Cortés ha hecho y de un modo tan completo– esta reforma sin la cual el mundo.

de Donoso Cortés en los que profundiza sobre la cuestión rusa, ni tampoco su correspondencia con el polaco Atanazy Raczyński (1788-1874), que entre 1848 y 1852 fue representante diplomático de Prusia en Madrid.

v

A Donoso Cortés no le gustaban las disputas públicas; esperaba de ellas pocos frutos y las evitaba tanto como fuese posible, pero era servidor de la verdad en un grado tal que no podía despreciar las objeciones y las contradicciones que se producían. Ya hemos visto cómo respondió a la crítica a su *Ensayo*: no resignándose al silencio debido al carácter de su adversario, pero tampoco queriendo en absoluto combatirlo, proclamó públicamente su sometimiento a las enseñanzas de la Iglesia y envió su libro a Roma, condenando de antemano, sin reservas ni restricciones de ningún tipo y sin exigir ninguna explicación, todo lo que Roma hallase allí condenable.

Fue el último acto público de su noble vida. En ese acto se le conoce por entero, tan humilde por la fe como era grande por el talento, tan dócil a las mínimas enseñanzas de la Iglesia como rebelde ante los dogmas más frecuentes del orgullo humano. Me atrevo a decirlo, y quienes lo conocieron no lo pondrán en duda: cuando en presencia de la muerte repasó mentalmente sus obras, celebró esa sumisión más que todos sus triunfos y se alegró de haber sido el humilde hijo de la Iglesia más que de haber sido su admirado defensor; bendijo a Dios no tanto porque le concediese vivir por su causa como por permitirle morir acusado y obediente.

Sería imposible describir, salvo que se le hubiese conocido, la ternura, la candidez, la delicadeza exquisita de su corazón. Una vez nos preguntamos varios de sus amigos qué suceso o qué estudio lo había llevado de modo más decisivo a conocer y practicar la religión. Él nos respondió que había visto a su hermano morir y que sus ojos se bañaron entonces en lágrimas. No podía pronunciar el nombre de ese hermano sin llorar. Hablando de él a un amigo íntimo, el señor Rio[86], decía que debía pedir perdón a Dios por haber amado tanto a una criatura humana.

No había ningún asunto que no estuviese dispuesto a dejar de lado para correr a ayudar a un amigo en apuros, ni sacrificio que no estuviese dispuesto a imponerse para remediar no sólo al infortunio de los que le eran queridos sino del primero que acudiese en busca de ayuda. Iba todas las semanas, a veces varias veces, a visitar a los pobres. Había entre la hermana Rosalie y él un pacto de servicios mutuos para las buenas obras. Ella lo introducía en casa de los pobres del barrio de Mouffetard y él era uno de sus ministros y embajadores ante los ricos y los poderosos de este mundo. Las Hermanitas de los Pobres no tenían patrón más devoto o generoso.

---

[86] Alexis-François Rio (1797-1874).

Supo quien escribe estas líneas con qué facilidad y qué abundancia abría sus manos benefactoras. Un día que le pedí ayuda para una familia reducida a la más perentoria necesidad me dijo, dándome una gran suma: «Toma, cómprales pan y ropa; te daré más el mes que viene, ahora mismo estoy sin blanca». Mientras decía esto se estaba vistiendo: le hice notar que su camisa estaba rasgada y él reconoció que no tenía nada mejor que ponerse; pasaba una pensión anual a otro pobre que yo conocía y me enviaba sin falta, los primeros días de cada mes, la suma que me había prometido. No olvidó hacerlo ni siquiera la víspera de su muerte.

Todo en él exhalaba el aroma de un alma verdaderamente cristiana. Su alegría y su tristeza eran a un tiempo dulces e ingenuas. Su palabra, espontánea, ardiente, sincera, era también la más inofensiva que se puede oír, y era encantador ver cómo conservó siempre su inocencia de espíritu. Se le podía dejar sin temor en medio de un auditorio con el cual había sostenido la discusión más acalorada. La ausencia de alguien que lo contradijese no le hacía olvidar la consideración que observaba siempre en su presencia y perdonaba a los que no sabían guardar siempre la misma mesura.

Entre tantas virtudes, la humildad quizá había echado en su corazón las raíces más profundas. Puesto que había llegado a la madurez de su talento cuando se convirtió, entró casi con el mismo paso y el mismo día en el camino de la penitencia cristiana y en el de los grandes honores políticos. Ni el cristiano ni el hombre de estado se resintieron por ello. Fue un ministro tan leal como ferviente cristiano.

Desdeñaba las pompas de su rango y no conservaba de ellas más que lo estrictamente digno. Gozaba, como embajador, de toda la libertad de su país, pero la condición de embajador no le impedía en absoluto sostener a un niño ante la pila bautismal con una muchacha humilde que se había hecho hermanita de los pobres ni ir a arrodillarse en medio de los indigentes en la capilla de la calle Saint Jacques ni visitar los cuchitriles de la calle Mouffetard. Ninguno de sus éxitos, ninguno de sus honores y, es más, ninguna de sus virtudes lo llevaba a olvidar que era él mismo tributario de la miseria humana. Por otra parte, ninguna preocupación económica habría podido hacerle perder de vista por un instante sus deberes para con Dios y para consigo mismo. Siempre estaba dispuesto a abandonar su brillante posición para vivir apartadamente en su Extremadura; y cabe decir que si debía combatir una tentación más fuerte que las demás sería esa. Aspiraba al silencio y al olvido. Era preciso decirle que no tenía derecho a retirarse y que debía esperar que fuese Dios quien le cerrara la boca. Por desgracia, nosotros esperábamos que tardase más tiempo en hacerlo. Tengo conmigo una carta suya, fechada en su lugar de retiro, hacia el que volvía tan a menudo sus ojos[87]. Ahí se oye su corazón:

> Don Benito, 3 de marzo de 1850.
> Muy querido amigo: acabo de recibir su carta fechada el 20 de febrero y el *Univers* del mismo día,

---

[87] Cf. *Obras completas*, II, pp. 470-472. Texto original en francés.

donde leo mi discurso y el artículo que usted tuvo la bondad de escribir. Acepto, mi querido amigo, sus alabanzas a título de aliento y como testimonio de su amistad. La justicia tendría mucho que decir si los sometiese a examen, pero estamos hechos así: nunca se muestra en nosotros una virtud si no es en detrimento de otra. Hoy es usted hombre benévolo y caritativo, mañana será hombre justo. Después será ambas cosas en el seno de Dios.

Sin duda desconoce usted el lugar desde donde le llegará esta carta. Es un rincón del mundo ignorado por los hombres, perdido en Extremadura. He venido aquí para recuperar la salud y restablecer las fuerzas junto con los míos. No me atrevo a escribir. Me dedico por entero a la naturaleza y a mis padres. Dejo pasar una y otra vez ante mí, como sombras que me son tan queridas, los días de mi infancia y me hago niño para ser feliz, convencido de esta verdad: que sólo el que se haga como estos pequeñuelos disfrutará de los verdaderos placeres en este mundo. ¡Ah, qué cosa más misteriosa y encantadora es la ignorancia de los niños! Los niños ignoran la botánica: tanto mejor para ellos, porque la naturaleza les pertenece en toda su magnificencia. No analizan las misteriosas relaciones de la familia: tanto mejor para ellos, porque la familia tiene para ellos y sólo para ellos tesoros de ternura y de amor. No analizan a Dios: mil veces tanto mejor para ellos, porque Dios se da a aquel que lo contempla siempre y sólo por contemplarlo.

Tengo conmigo a fray Luis de Granada, que es el primer místico del mundo y del cual le haría obsequio si usted tuviera la dicha de comprender su idioma, que no es la lengua española de hoy en día sino otra que ya hemos olvidado, llena de amplitud y grandeza.

Leo también la vida de san Vicente de Paúl. ¡Qué vida, tan abundante y plena! ¡Qué maravilloso es Dios y qué grande en sus santos! Admiro tanto a este hombre apostólico que soy incapaz de mirar a la cara a ese modelo. A propósito de esto debo decirle, amigo mío, que soy el ser más inútil del mundo. Nunca he hecho nada, nunca hago nada y no haré nada en toda mi vida. Soy el arquetipo perfecto de los haraganes. Leo, eso sí, siempre, y me propongo actuar, pero no lo hago nunca. A veces me imagino a mi Señor y mi Dios preguntándome: ¿qué has hecho? Y siento un estremecimiento recorrer todos mis miembros. A veces llego a pensar entonces que quizá nací para la vida contemplativa, pero son ilusiones peligrosas de mi imaginación. La verdad es esta, soy un inútil[88].

Su piedad no había hecho más que crecer y fortalecerse hasta el último día de su vida. Razonaba su fe como un hombre de talento y la practicaba como un niño, sin

---

[88] Nota del autor, a pie de página en el original francés: «Se trata de una carta escrita originalmente en francés. ¡Y luego Donoso afirmaba sinceramente no hablar bien nuestra lengua!».

énfasis, sin respetos humanos, sin sombra de duda ante los mandamientos de Dios y de la Iglesia, sin sombra de duda ante sus promesas. Era a este respecto igual que el más humilde y el más fervoroso campesino de España. Habiendo sabido que se conservaba una vestidura de nuestro Señor en la iglesia de Argenteuil, quiso acudir allí en peregrinación para obtener de la compasión de Jesús la curación de uno de sus hermanos, que estaba enfermo. Era a finales del otoño de 1851, llovía a cántaros. Eso no le impidió hacer el camino a pie y tuve la dicha de acompañarlo. Cuando le dije que no suponía que un español pudiera dejarse empapar durante tanto tiempo, me respondió con su sonrisa encantadora que haría falta otra lluvia, bien distinta, para lavar sus pecados.

Realizada la peregrinación, fuimos a visitar a nuestro común amigo, el señor Rio[89], autor del hermoso libro sobre el arte cristiano[90], que vive aún en Argenteuil. Se hallaban allí varias personas distinguidas y la conversación giró hacia el tema de la elocuencia. Donoso tomó la palabra, habló como un ángel sobre la vanidad de los oradores. Entonces nos recordó que Moisés era tartamudo y que su hermano, el débil Aarón, era elocuente. Mirad, dijo, dónde pone Dios a los oradores y qué papel les asigna. Y no era por hacer chistes ingeniosos por lo que ponía estos ejemplos. No despreciaba el talento, pero le concedía poca importancia y dudaba de las vanidades a

[89] Alexis-François Rio (1797-1874).
[90] *De l'Art chrétien.*

las que se apega el corazón. Sólo conoce el que cree, solía decir, y sólo es grande el que se humilla.

Esta fe perfecta se manifestó del modo más conmovedor y más edificante durante su dolorosa enfermedad: una dolencia cardíaca, repentina y terrible, que lo debilitó enormemente y se lo llevó en pocos días. Hablaba, rezaba, sufría como un perfecto cristiano. La hermana del Buen Socorro que velaba a su lado admiraba este valor, que ella no necesitaba alentar y que más bien le ofrecía un ejemplo. Decía: «Sus palabras son flechas en el corazón». Se confesó y comulgó varias veces. Su confesor era el padre Auzoure, párroco de Saint-Philippe du Roule, quien celebró en su funeral: no pudo contener las lágrimas y le falló la voz entre el altar del justo Dios y el féretro de su amigo. El digno sacerdote sabía como nosotros lo que perdían la Iglesia y la sociedad, y mejor que nosotros lo que perdían los pobres. Bajo el peso de este doble duelo se tambaleó su corazón, pero no su esperanza.

De todos los consuelos que puede dejar la muerte de un hombre, ninguno faltó a los amigos de Donoso Cortés. Ninguno salvo el de recibir su último suspiro. Supo que iba a morir y aceptó su muerte. Murió rezando, encomendando su propia alma a su ángel de la guarda, a su santo patrón, al Dios clemente que había amado y servido intentando siempre hacerlo mejor. Pese a no haber previsto que dejaría esta vida tan pronto, había acariciado la posibilidad de dejar el mundo, pero no para ir a meditar en soledad sino para entrar en religión. Ya había tomado sus disposiciones y su decisión estaba hecha. Quería entrar en la Compañía de Jesús.

Su último día fue el 3 de mayo de 1853, cuando iba a cumplir cuarenta y cuatro años. Lo último que salió de su boca fue un acto de fe. Había prometido a la hermana del Buen Socorro que si moría rogaría por ella. Al verlo agonizante, le dijo: «Pronto estarás ante Dios, acuérdate de mí». Con voz libre y clara, él respondió: «Te lo prometo». Y casi en ese mismo instante murió. Su alma, al volar libre, dejó sobre su rostro un reflejo de su belleza suprema. Ningún indicio de dolor alteró sus apacibles rasgos. Era la serenidad de un atleta que descansa tras la victoria, apenas fatigado del combate. Había mirado a la muerte cara a cara, con fuerza y con dulzura, como un enemigo a quien es preciso vencer, y había vencido. Dormía a la espera de la resurrección eterna.

Nadie, ni en España ni en ninguna parte, se alzará para invalidar el hermoso testimonio que dio de sí mismo en el Parlamento, en su inolvidable discurso del 4 de enero de 1849:

> Cuando mis días estén contados, cuando baje al sepulcro, bajaré sin el remordimiento de haber dejado sin defensa a la sociedad bárbaramente atacada, y al mismo tiempo sin el amarguísimo y para mí insoportable dolor de haber hecho mal a un hombre[91].

---

[91] Discurso del 04.01.1849, cf. *Obras completas*, II, p. 307.

Epílogo

Louis Veuillot (1813-1883) es recordado como el autor «ultramontano», el «teólogo del absolutismo», la *bête noire* de la «República conservadora» de Thiers y el azote de los católicos liberales, de los bonapartistas y de los socialistas. Insultado por Zola y vituperado por Victor Hugo, pero alabado por escritores no siempre tan próximos, como Matthew Arnold, Emmanuel Gauthier y Barbey d'Aurevilly, sufrió un destino frecuente entre este tipo de personalidades: fue, en opinión de Claude Foucart, rara vez *criticado* en el sentido pleno de la expresión. Un galardón que no se corresponde con lo prolífico de su pluma: autor de panfletos y apologías como *Les libres-penseurs* (1848), de libros testimoniales como *Rome et Lorette* (1841), de hagiografías como *La Vie de la bienhereuse Germaine Cousin* (1854), de piezas de crítica literaria como *Molière et Bourdalue* (1877) y de una vida de Cristo, *Vie de Notre Seigneur Jésus-Christ* (1854), Veuillot ocupa un lugar destacado en la república de las letras de la Francia que abrió los ojos con la monarquía constitucional de Louis-Philippe d'Orléans y los cerró con la Comuna.

Al margen de las etiquetas más o menos peyorativas, lo cierto es que Veuillot fue ante todo un hombre de orígenes modestos –su padre era tonelero– que durante casi cuarenta años ejerció el periodismo sin pelos en la lengua. Un hombre «aborrecido pero respetado, odiado pero siempre con atención oído», en la expresión de Miguel Ayuso, que entregó su vida a la defensa del catolicismo y, en particular, del papado –su *De Quelques erreurs sur la papauté* (1859) fue una respuesta a *Le Pape et le Congrès* (1859), opúsculo en el que Napoleón III aconsejaba a Pío IX reducir *motu proprio* el territorio de los Estados Pontificios– y de la libertad de enseñanza –pues el «partido católico», afirmaba en *Histoire du Parti catholique* (1856), había nacido en 1843 con el solo propósito de defender ese derecho–. Pagó por todo ello con creces: vio sucesivos cierres de su periódico, recibió los ataques de aquí y de allá y en una ocasión tuvo que pasar por la cárcel.

Su carrera se lanzó definitivamente en 1840, cuando empezó a escribir para *L'Univers*, periódico del que sería redactor jefe hasta 1873. Si a esto se le añade la conversión religiosa experimentada durante una peregrinación a Roma en 1838 y una actitud crítica hacia las premisas de la modernidad, no extrañan las coincidencias con un Juan Donoso Cortés que en el verano de 1840 se instaló también en París como secretario de la reina regente tras el triunfo de Espartero y que conoció también una conversión (sólo faltaba la estancia de Balmes en 1842 para que la capital francesa se convirtiese brevemente en el centro del pensamiento conservador y neocatólico español). Si Veuillot defendía los derechos papales contra la política internacional del esposo de doña Eugenia de Montijo, en su *Ensayo sobre el catolicismo, el liberalismo y el socialismo* (1851) explicaba Donoso que los territorios del papado constituían un elemento «accesorio» pero «necesario» para que el sucesor de Pedro no fuese súbdito de otro rey; si Veuillot sufrió los ataques de Gaduel, vicario general de Orléans, lo mismo le sucedió a Donoso, en un triste episodio que arrojaba sobre el converso la sombra de una heterodoxia por ortodoxia desenfrenada, esto es, por ultramontanismo; y si Veuillot vio morir a su esposa a edad tempranísima, otro tanto le sucedió a su amigo. La simpatía mutua entre ambos es cosa que se manifiesta en estos escritos, para los que Veuillot echó mano de tres fuentes principales: el prólogo de Gabino Tejado, el discípulo de Donoso, a su edición de las *Obras completas* del autor extremeño; los textos del propio Donoso, citados con profusión; y los recuerdos de la amistad entre ambos. Los años de trato personal y las experiencias compartidas –primero durante la estancia de Donoso en París como secretario de María Cristina, después como embajador– sobrevuelan siempre este rendido elogio a manos del periodista francés.

Es frecuente mencionar que la celebridad internacional de Donoso comenzó precisamente ahí, en París, y Veuillot no se priva de recordarlo. Creo, no obstante, que más allá de la fanfarria grandilocuente que a veces acompaña estas expresiones la experiencia francesa de Donoso tuvo otro valor muy relevante, que se pone de manifiesto en la óptica de Veuillot: en las convulsiones que periódicamente sacudían al país galo reconocía Donoso las corrientes políticas e ideológicas que protagonizarían la vida del conjunto de Europa. Francia era un laboratorio, un banco de pruebas: basta advertir lo enérgico de su reacción en enero de 1849, con su *Discurso de la dictadura,* ante una revolución que apenas se había dejado sentir en suelo español. Un Donoso lúcido y atento a las ideas universales, no sólo a los caracteres locales, sabía que era fácil que se produjese el contagio y que cuanto sucediese allende los Pirineos podía replicarse muy pronto de este lado. De ahí entre otras cosas, de esa clarividencia y de la valentía de ejercerla en sede parlamentaria, la admiración de Veuillot. El lector ha encontrado aquí, junto a un panegírico del autor extremeño y un retrato íntimo y personal, un recorrido biográfico y un breve análisis de su pensamiento, en manos de una de las almas más afines que Donoso halló en aquel París.

*

Los trazos de ese retrato delatan el afecto sincero de Veuillot: el drama de Donoso por la muerte de su hermano, que conmovió su conciencia y lo puso en el camino de la espiritualidad; las anécdotas sobre su generosidad, su desprendimiento y sus obras de caridad constantes; también su desprecio de la fama y las vanidades del mundo, con las que no obstante debía convivir debido a su posición y sus cargos; su talante abierto y dialogante, que le permitía simpatizar con quienes discrepaban abiertamente de sus ideas… La grandeza del hombre público no quitaba la humanidad cabal y la sencillez de Donoso en privado.

Contra el «reino de la multitud» que parecía adueñarse de todo, de un *Zeitgeist* asfixiante e igualador, Veuillot lee en su amigo el hombre excelente, el individuo que «osa ponerse por encima de la muchedumbre», en sus propias palabras, y se exige a sí mismo una responsabilidad personal sin fisuras y una pregunta continua por la verdad. El retrato no es sólo intelectual, es también ético.

La biografía recorre los hitos previsibles: la infancia de Donoso en los alrededores de Don Benito, sus estudios en Salamanca y Sevilla, sus lecturas al calor de don Manuel José Quintana, su formación dieciochesca guiada por Rousseau, Voltaire, Diderot, etc., sus inicios en el romanticismo literario, sus primeras armas como profesor en Cáceres (en un curso optativo que terminó contando con un solo alumno, el leal Gabino Tejado), la entrada en política con la *Memoria sobre la situación actual de la monarquía* (1832), que le reportó el primer cargo… El genio, la precocidad y la aplicación destacan aquí, aunque no falta el discernimiento crítico: pese a las muchas lecturas y a la participación entusiasta en las tertulias madrileñas, señala Veuillot, las veleidades literarias de Donoso no podían pasar de unos primeros conatos, poco felices, y su talento debía ocuparse en otros menesteres; y, a su juicio, las *Lecciones de derecho político* (1837) nunca contarían entre lo más granado de la obra del autor. Sus *Consideraciones sobre la diplomacia* (1834), en cambio, suponían un primer aviso del giro fundamental de Donoso, desde el liberalismo doctrinario del que procedía hacia el catolicismo y el conservadurismo en los que moriría; y sus alertas sobre el germen de un despotismo universal en el *Discurso* de 1849 resonaban casi como una profecía (por no hablar de su perspicaz advertencia de que existía una «afinidad profunda» entre el despotismo moscovita y el socialismo europeo, que explica tanto de lo acontecido más tarde).

Por fin, el resumen de las ideas principales del pensamiento donosiano que aparece aquí es previsible, viniendo de donde viene: primera idea, la «dictadura» como alternativa a la anarquía, que en el siglo XX conocería el elogio envenenado de Carl Schmitt (un punto de eterna polémica, en el que el jurista alemán parece soslayar que el «decisionismo» donosiano se alza como medida de excepción y de carácter temporal –según sugieren los ejemplos griegos que ofrece Donoso, en la imagen de un Pisístrato– y que, como han señalado Juan Olabarría y Pedro González, lo característico del último Donoso es la fundamentación religiosa del Estado, que no casa con la idea totalitaria); segunda, la apelación a la razón y no a una voluntad que da en franco voluntarismo, en un corolario de la evolución de las ideas románticas que, de nuevo, ofrecía un ejemplo perfecto en París, con la eclosión del estreno del *Hernani* (1830) de Victor Hugo y su *claque* de melenudos (de ahí que, contra los Larra o Espronceda, el romanticismo que bendeciría Donoso sea más bien el de Lista, Hartzenbusch, Böhl de Faber y, sobre todo, Zorrilla); tercera, un aborrecimiento declarado de la idea revolucionaria, que identificaba Donoso con el caos, la anarquía, la destrucción y el crimen, y que le empujaría a sus expresiones más «apocalípticas», según sus detractores (quienes le aplicaron el sobrenombre despectivo de «Quiquiriquí de Extremadura»); cuarta, un redescubrimiento del cristianismo, que Veuillot atribuye en parte a algunos hechos biográficos y que guiaría la vida y el pensamiento del último Donoso.

Por supuesto, la coincidencia de nuevo es casi completa, cabe decir que Veuillot reconoce en Donoso su propia imagen contemplada en un espejo: la confrontación con los católicos liberales y algunas instancias eclesiales, los sinsabores que reporta la honradez en el gran mundo, el temor a los procesos revolucionarios y su hecatombe sumaria... El «derecho de todo el mundo a arremeter contra todo el mundo», afirmaba Veuillot en *Ça et là* (1860), ese era a su juicio el legado de la «civilización» nacida en 1789. Es decir, la anarquía que detestaba Donoso. Tres son las cuestiones siempre discutibles sobre las que se ofrece aquí una visión personal.

La **primera** es la secuencia de fases en el itinerario ideológico de Donoso. Se ha hablado habitualmente de dos, incluso de tres Donosos, el liberal doctrinario, el moderado y el conservador, y por otro lado es clásica la distinción de Federico Suárez entre la conversión religiosa y la política (que el propio Donoso admitía, pues si bien nunca lo había abandonado la fe, explicaba, sólo a partir de cierto momento había sido ella la guía de sus actos y sus pensamientos). No faltan tampoco quienes han aventurado que en caso de no haber muerto tan prematuramente Donoso estaba llamado a sumarse al carlismo, con la jugosa paradoja de que su primera intervención en los asuntos públicos, la *Memoria* de 1832, fuese un documento isabelino que legitimaba la Pragmática Sanción de

Fernando VII contra los intereses carlistas, y que todavía en el prólogo a *Consideraciones* decía de don Carlos: «¿Pretende el trono? Entre el trono y él hay un río de sangre más difícil de salvar que el Pirineo» (un caso de lesa estilística, por cierto, que concede la razón a los juicios de Veuillot sobre el arte literario de su amigo, pues la metáfora resulta incongruente). Pese a pertenecer por su origen familiar a la clase terrateniente, el joven Donoso no contemplaba con ninguna simpatía el legitimismo y el tradicionalismo carlistas, en una huella palpable de las ideas afrancesadas de las que le había imbuido su tutor Manuel José Quintana, que en apariencia desaparece por completo durante el último tramo de su vida.

La tan debatida cuestión sobre lo que haya de continuidad y de discontinuidad en la lógica de Donoso no se resuelve en estas páginas de Veuillot, quien más bien insiste en lo que tienen los hechos de irrupción a modo de *deus ex machina* en la trama ideológica que había elaborado su amigo. Más bien se sugiere esto, la caída del caballo, el deslumbramiento de quien después de unos años de extravío prefirió la Luz a las Luces. Por mi parte, junto con esta abrupta discontinuidad, me permitiría señalar dos entre muchos elementos posibles de continuidad. Uno es el del argumento de la propia *Memoria*, donde Donoso razona que bien abolida estaba la Ley Sálica por ajena a la tradición española, es decir, importada con la implantación de la dinastía borbónica en 1713. Paradoja: *para propugnar el liberalismo contra el tradicionalismo en liza, el autor recurre a una lógica tradicionalista*, que justificaría el vaticinio sobre el futurible carlismo de Donoso.

El otro, en el extremo opuesto de su itinerario ideológico, son las citas con las que apuntala en el *Ensayo* su idea de que toda comunidad humana se funda sobre una afirmación de lo sagrado y posee, por consiguiente, una fuente religiosa: ¡Rousseau y Voltaire, y no Tomás de Aquino o Francisco de Vitoria!

Se trata de una lógica que cabe comprender desde la relectura romántica y conservadora de los autores ilustrados en manos de las generaciones que, a diferencia de los enciclopedistas, sí tuvieron la oportunidad de contemplar en qué hechos desembocan estas ideas. El caso más eximio era Chateaubriand, bien conocido de Donoso, y en *Chauteaubriand, poésie et terreur* (2003) Marc Fumaroli ha mostrado cómo el vizconde, una vez de regreso de sus simpatías revolucionarias, utilizaba al propio Rousseau contra Rousseau: en lugar de una contrarrevolución concebida como inversión de la Ilustración, y de carácter tan abstracto como la propia revolución que sustituía el derecho divino por la razón, la teocracia por la democracia, Chateaubriand constituiría un caso paradigmático de «contra-Ilustración», que descarta el discurso de quienes pretenden restaurar la monarquía sobre un fundamento sagrado y no sobre la base de la libertad. De ahí que en *Essai sur les révolutions* (1797) se declarase «un nuevo Rousseau», un poeta antidespótico que contradice al Rousseau de *Le Contrat social* para arrancarlo de las manos de la Convención. Pues bien, la lógica de Donoso es paralela e inversa al mismo tiempo: cita a Voltaire y Rousseau, sí, pero se las arregla para recuperar ese fundamento sagrado y, a fuerza de expurgar el texto, hallar entre las páginas de estos autores algún pasaje que convenga a la idea, en un juego retórico de gran eficacia persuasiva. No hay orden social sin sentido de lo sagrado, *quod erat demonstrandum*. Los cambios en las fiestas del calendario, los intentos de promover el culto a la diosa razón en una Notre-Dame arrebatada a la Iglesia o la invocación de Robespierre al Gran Arquitecto eran una prueba palmaria.

Algo parecido puede decirse de la oposición de Donoso a la idea revolucionaria. Obviamente, Veuillot enfatiza el abandono completo del liberalismo por parte del último Donoso, pero lo cierto es que este aspecto de su pensamiento estaba presente desde un principio, también durante los años en que se mostró como un liberal convencido: el desafío, a las alturas de 1833, no estribaba en un imposible regreso sino en la fundación de un sistema político que evitase nuevos desastres; la cuestión era cuál podía ser ese sistema (y la distinción entre los tipos de monarquía que establece Donoso es clara a este respecto, como lo es su convicción de que el poder es «uno, indivisible y perpetuo»), en una inquietud que delata el poso de De Maistre más que de Chateaubriand. «Francia y la monarquía», afirmaba el primero en este sentido, pese a todo «no pueden ser salvadas más que por el jacobinismo». Las lecturas francesas, asimiladas en su juventud, tendrían durante la madurez de Donoso diversas utilidades, y Veuillot estaba mejor situado que nadie para reconocer su rastro en los escritos de su amigo.

Una **segunda** cuestión es el utilitarismo que se le ha reprochado en ocasiones a Donoso, la idea de que en sus actitudes ulteriores lo religioso aparecía simplemente como instrumento para sustentar una tesis política, con independencia de su valor de verdad. Algo parecido a lo que John Stuart Mill propondría en *The Utility of Religion* (1874): que la pregunta no es si una religión es verdadera o no, sino si supone o no «una ayuda al policía y al verdugo», esto es, al Estado. O, si se quiere, a la nación, en la vertiente que cuajaría en Francia con un Barrès agnóstico pero fascinado por la religiosidad popular que se respiraba en España, como comprobó durante sus viajes por Toledo y otras ciudades, en una visión romántica que contemplaba en el paisaje y el paisanaje español la resistencia a la modernidad y la secularización. Veuillot es tajante al respecto: no, en su vida diaria, en los momentos más dramáticos y dolorosos de su breve existencia, en los mil detalles de su intimidad, Donoso terminó siendo un cristiano devoto que no hacía ascos a las renuncias ascéticas y se entregaba con generosidad a la causa del amor y la inquietud por los demás, en particular los más desfavorecidos. Su fe, a juicio del autor francés, era completamente sincera, como lo era su conciencia de la labor social de la Iglesia. De hecho, Veuillot aporta algunos datos procedentes de cartas de Donoso en las que este comenta sus lecturas de san Vicente de Paúl y fray Luis de Granada –«primer místico español», decía– que confirman y redondean el alcance de esta conversión.

¿Cabe decir entonces que Donoso, como De Maistre, teologiza la política en el que es quizá el más sustancial y ambicioso de sus escritos, el *Ensayo…*? No exactamente, matizaría yo. El título del primer capítulo lo aclara todo: «En toda gran cuestión política va envuelta una gran cuestión teológica». Es decir, que el liberalismo es teológico, sólo que «no lo sabe», advierte Donoso, mientras que el socialismo sólo es fuerte «porque es una teología satánica», en un adelanto del clima que describiría Dostoievski en *Los demonios* (1872). La idea de un individuo sano en una sociedad enferma, de estirpe rousseauniana, y la necesaria divinización del hombre que se obtenía de aquí, son diagnosticadas con lucidez por un Donoso que no cita a Marx y Engels –si bien faltaba aún para la publicación de *El capital* (1867), lo cierto es que el *Manifiesto comunista* (1848) había visto ya la luz– pero sí a Saint-Simon, Fourier y Proudhon. Lo político esconde el estrato más hondo de lo teológico porque cualquier configuración política supone una idea del hombre y de la historia (y, a menudo, un potencial conflicto entre la conciencia individual y el Estado).

Por supuesto, más allá de los méritos del libro Veuillot tenía razones para mostrar su predilección por este escrito: Donoso lo había acometido instado por él, quien lo publicó en su Bibliothèque Nouvelle. Y la huella del *Ensayo* se dejaría sentir: en sus *Dialogues Socialistes* (1849) –«escrito en plena anarquía», dice Veuillot, en alusión a los sucesos de 1848– él mismo hacía hablar a Proudhon en un lenguaje donosiano: «La negación es nuestro dogma, tenemos como principios en religión el ateísmo, en política la anarquía, en economía la guerra a la propiedad». Así, no cabe duda de que el análisis de su amigo le indicó el camino. Y este consistía, más que en la «teologización» de nada, en la advertencia de los supuestos teológicos y antropológicos que subyacen a toda tesis política. En este sentido, puede decirse que el pensamiento del último Donoso al mismo tiempo rechaza la idea adorniana de la modernidad como proceso de secularización pero muestra el desenlace al que está abocada si se le abre la puerta. Al menos, eso cabe interpretar a la luz del siglo xx: la dictadura vendría exigida por el despliegue mismo de la dialéctica de la Ilustración, supondría una suspensión de la norma prevista en la propia norma (Agapito Maestre ha propuesto al respecto que cabe leer a Donoso como un «postilustrado» más que como un conservador).

La **tercera** cuestión, estrechamente relacionada con la anterior, es la de la metáfora del termómetro, una de las creaciones más felices del ingenio donosiano. Cuanta más alta sea la temperatura religiosa, afirma el autor, más baja podrá ser la política, mientras que esta se verá obligada a subir cuando baje aquella. ¿Qué se quiere decir? Que la represión del Estado suple la incapacidad de los individuos para restringir la esfera de su acción, para controlarse ellos mismos: policías, tribunales y carceleros constituyen una fabulosa empresa de disuasión, necesaria cuando fallan el discernimiento o la voluntad del ciudadano. De ahí que, a mi juicio, más que «religiosa» esa temperatura sea «moral», si bien beba de una fuente religiosa. En cualquier caso, Veuillot dedica varias páginas a un asunto en el que no podía estar más de acuerdo con Donoso: con esta lógica de proporción inversa, obtenida probablemente de Burke, el autor extremeño se apeaba definitivamente de la gran premisa implícita en tantos postulados liberales, a saber, la doctrina rousseauniana de la bondad natural, y adoptaba más bien la idea de

Hobbes de que el estado de naturaleza no es de armonía sino de guerra «de todos contra todos». Nada demasiado relevante si no fuese porque, desde su posición conservadora recién adquirida, Donoso añade una idea madura: lo que se colige de aquí es que proponer «una ética para ángeles y una poética para demonios», en la expresión kantiana, so pretexto de respetar la conciencia individual pero asegurar al mismo tiempo el orden público, tal vez constituya la mayor de las ingenuidades. Es precisamente cuando menos frenos conoce el individuo por sí mismo cuando la represión de los gobiernos se ha de mostrar más implacable.

Ni que decir tiene que en esta tercera cuestión se pone de relieve, de nuevo, la teología implícita: la pregunta por el papel del Estado es también la pregunta por la naturaleza del hombre que había dividido Europa tres siglos atrás, con la Reforma. Sí, religión y política iban unidas porque pese a reconocerse la autonomía mutua existía la relación («Déjennos ser católicos y seremos republicanos», escribía Veuillot a propósito de esa delicada autonomía, en el decisivo año de 1870). No es casualidad que al mismo tiempo que cuajaba la amistad entre Veuillot y Donoso, en *El protestantismo comparado con el catolicismo* (1842), Balmes advirtiese que con su biblicismo extremo el protestantismo «traspasa las fronteras de lo religioso y se apodera de lo civil» (y avisaba, al mismo tiempo, de que la Biblia «sin explicación ni comentario» no puede ser leída por el común de las gentes, en un rechazo del libre examen). ¿Qué corría bajo este recordatorio de la insuficiencia de la *sola scriptura*? Una crítica velada a

Guizot, cabeza del gobierno durante gran parte del reinado de Louis-Philippe, líder de los doctrinarios (es decir, del partido que Donoso abandonaría con su conversión), que había bebido de su madre una insólita conciliación de las dos grandes ideologías ginebrinas: el buenismo rousseauniano y el calvinismo, que en principio sólo podían inspirar la exclusión mutua.

Veuillot recogería algunas de estas reflexiones en *Ça et là*, en una sátira del protestantismo que arremete sobre todo contra una idea de tolerancia que desemboca en el «todo vale», en la tibieza del burgués que ni abjura de la fe ni la practica. Sea como fuere, contra ese buenismo y ese pesimismo antropológico de raíz calvinista (incluso contra el de De Maistre), Veuillot encuentra un *tertium quid* en la ortodoxia. Y su amigo le había trazado el camino, al recoger en su *Ensayo* el simple realismo de la doctrina tridentina y rechazar explícitamente cualquier maniqueísmo (con la lógica agustiniana, nunca enunciada del todo, de que si el mal tiene la consistencia de la pura negatividad carece de existencia positiva, supone una ausencia y por consiguiente no puede ser parte de la creación de Dios). «No es una esencia sino un accidente», afirma Donoso: el mal constituye pues una obra humana y no divina, en un argumento que quizá sólo se entiende de modo cabal desde la asunción del relato bíblico: la bondad de lo creado, pero la falibilidad de la criatura libre. Tal vez el auténtico mal, como propondría Baudelaire por esos mismos años, era precisamente ignorar que existe el mal.

*

En suma, creo que leer a Veuillot y a Donoso, o a Veuillot sobre Donoso, nos ofrece hoy la posibilidad de hacer este último ejercicio, ante todo: el de distinguir los principios, de orden teológico o antropológico, de los que emana la acción. De hecho, cuando se advierte que en sus momentos más exaltados y dramáticos ni Donoso ni Veuillot invocan tanto a la nación cuanto a instancias más universales, se restituye el significado pleno de la palabra «católico» y se diluye la imagen de un «ortodoxo español» en la línea de Menéndez Pelayo. Se diría más bien que en ambos hay un ejemplo de lo que Antoine Compagnon ha denominado *les antimodernes*: esos «modernos a pesar de sí mismos» que sin embargo, lejos de refugiarse en la retórica predecible de la reacción estéril, son «los verdaderos modernos». Es decir, aquellos que no han dado la espalda a la modernidad sino que, desde la lucidez del hastío y la experiencia, han cogido el toro de esa modernidad por los cuernos y han mostrado que la visión *naïf* y entusiasta que había prevalecido en las generaciones anteriores, las que habían *proyectado* más que realizado la modernidad, debía ceder el paso a una actitud escéptica e irónica.

Leer hoy a Donoso y a Veuillot supone, así, una invitación a caer en la cuenta, desde la lógica del termómetro, en que la proclamación insensata de algunas libertades puede muy bien ir acompañada de una policialización de la vida y una intrusión del Estado en la conciencia de los ciudadanos. Supone una invitación a recordar que, como establecía el inicio del *Discurso* de 1849, «las leyes se han hecho para las sociedades, y no las sociedades para las leyes», en un principio de sensatez que entre otras cosas pone coto al iuspositivismo descabellado en el que chapoteamos en este siglo XXI. Cuando en ese mismo discurso Donoso, para ilustrar el carácter casi plenipotenciario del Parlamento británico, afirma que constituye «un poder dictatorial» capaz de todo salvo «hacer de una mujer un hombre o de un hombre una mujer», es imposible no sonreírse en este 16 de febrero de 2023 –jueves de carnaval, más carnavalesco que nunca– desde el que escribo.

Gabriel INSAUSTI

NOTA EDITORIAL

El presente texto fue publicado en 1858, en francés, como introducción a las Obras de Juan Donoso Cortés (*Œuvres de Donoso Cortés, Marquis de Valdegamas, ancien ambassadeur d'Espagne près de la cour de France, publiées par sa famille, précédées d'une introduction par M. Louis Veuillot, tome premier, Paris, Librairie d'Auguste Vaton, éditeur, 1858, pp. i-lxiv*).

En el original francés tan solo aparecen cuatro notas a pie de página (todas señaladas en nuestra edición), a las que hemos añadido brevísimas referencias biográficas y bibliográficas, para mejor identificación de las fuentes y personajes citados. Expresamos nuestra gratitud a José Antonio Pérez Ramos, gran conocedor de la vida y la obra de Juan Donoso Cortés, quien, además de proponer la publicación de este texto, aportó sugerencias que han permitido completar algunas de estas notas.

En la transcripción de las palabras de Juan Donoso Cortés, siempre que ha sido posible nos hemos remitido a las *Obras completas* con edición, introducción y notas de Carlos Valverde, S.I., publicadas en dos volúmenes por la Editorial Católica (Madrid, Biblioteca de Autores

Cristianos, 1970), cuya lección seguimos preferentemente. Subsidiariamente, hemos consultado las *Obras de Don Juan Donoso Cortés*, en cinco tomos, editadas por Gabino Tejado (Madrid, Imprenta de Tejado, Editor, 1854-1855), recopilación que sirvió de base a la mencionada edición francesa.

Juan Donoso Cortés
de Louis Veuillot
terminó de imprimirse
en diciembre
de 2024